AF590663

BIBLIOTHÈQUE NATIONALE

LE

SIÈCLE DE LOUIS XIV

CATALOGUE DE L'EXPOSITION

FÉVRIER-AVRIL 1927

ORFÈVRERIE ANCIENNE

L. CARRÉ

Couverts ✣ Platerie ✣ Écuelles ✣ Pots à oille ✣ Soupières Aiguières ✣ Théières ✣ Gobelets ✣ Sucriers ✣ Boîtes à épices Saucières ✣ Salières ✣ Luminaires & Orfèvrerie de toilette.

ACHAT
VENTE - EXPERTISES

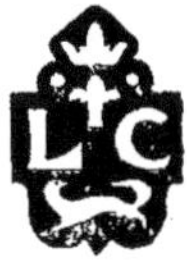

A PARIS
219 faubourg Saint-Honoré VIIIe

(avenue Hoche)

027.544
1927
1

Salle E

LE SIÈCLE DE LOUIS XIV

DDD-TOL-2012-140
2012-376084

CE CATALOGUE A ÉTÉ ÉTABLI PAR LES SOINS DES « ÉDITIONS DE LA GAZETTE DES BEAUX-ARTS », 106, BOULEVARD SAINT-GERMAIN — PARIS (6e)

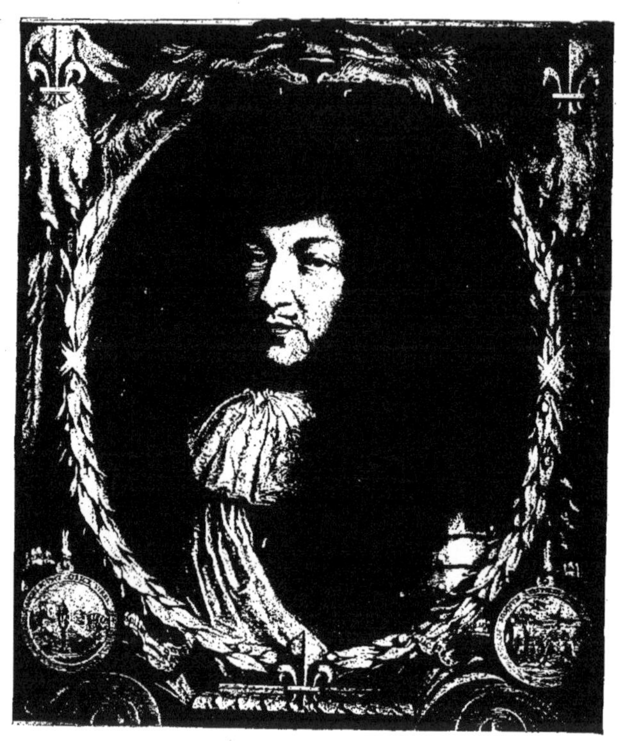

No 1176

PORTRAIT DE LOUIS XIV, DIT « AUX PATTES DE LION »
Gravure originale de Robert Nanteuil.

BIBLIOTHÈQUE NATIONALE

LE SIÈCLE DE LOUIS XIV

CATALOGUE DE L'EXPOSITION

FÉVRIER-AVRIL 1927

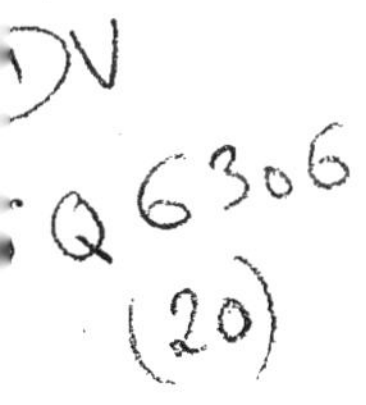
DV
Q 6306
(20)

Une fois de plus, la Bibliothèque nationale offre ses richesses pour la joie de nos yeux et de notre esprit. Le grand Siècle français, qui fut sans rival dans les lettres et dans les arts, nous attend dans la Galerie du cardinal Mazarin et les souvenirs les plus divers, les mieux choisis permettent d'en évoquer le noble visage.

Se rend-on compte de l'effort de science et de goût qu'exige chacune de ces expositions devenues périodiques, et qui mettent chaque fois la Bibliothèque au service d'un grand enseignement public ? En mai 1924, apparaissait un choix de chefs-d'œuvre de ses quatre départements ; en janvier 1925, l'exposition de « Ronsard et son Temps » évoquait le siècle des Valois ; en mai, l'Art oriental triomphait ; en janvier 1926, c'était le prodigieux Moyen Age, dont le succès fut si éclatant ; en mai, les manuscrits et livres italiens. Toute cette présentation successive de nos trésors s'est accomplie, comme elle doit continuer à l'avenir, sous l'impulsion vigoureuse d'une administration rajeunie, sans que le service intérieur ait jamais eu à en souffrir et sans que la maison ait ralenti son labeur quotidien.

Ce labeur, pour qui en sait la qualité, continue très digne-

ment une glorieuse tradition. Il faut conserver l'immense écrin, l'entretenir, l'enrichir sans cesse et le maintenir, dans le monde, au premier rang. Il est besoin pour cela de cœurs dévoués et d'intelligences averties. Comme c'est avec des hommes que se bâtissent les institutions, celle-ci, royale, impériale ou nationale, n'a jamais manqué de ces bonnes pierres, qui furent de tout temps au service du pays et de la science.

J'ai fait partie, au début de ma carrière, de cette maison illustre, assez de temps pour la bien connaître et pour l'aimer. Léopold Delisle la gouvernait, avec l'attachement d'un chef qui ne vivait que pour elle et le prestige d'un érudit que l'Europe nous enviait. C'est sous sa direction que j'ai pris part à l'emménagement du Cabinet des Manuscrits dans le magnifique local des bâtiments neufs. Huit kilomètres de rayons pour des manuscrits de toute époque et de toute langue ! Quelle formation précieuse y pouvait recueillir un paléographe, qui maniait par centaines et avec un respect particulier les antiques velours de la « librairie » de Blois et les vélins gaufrés de la Renaissance ! Le jeune Henri Omont nous apprenait à dater les manuscrits grecs, et le vénérable M. Deprez, conservateur du département, nous enseignait, par son exemple, à accueillir avec aménité les visiteurs étrangers et à venir en aide aux travailleurs embarrassés par une lecture difficile. Traditions d'obligeance et de courtoisie, qui fleurissent encore aux deux étages de la maison.

Les savants qui la conduisent aujourd'hui forment une élite intellectuelle trop modeste et par suite trop oubliée. Ces hommes, instruits par nos grandes écoles, pourraient souvent, dans les professions du dehors, atteindre à une renommée plus certaine. Leur expérience même assurerait leur fortune en ces négoces qui, de plus en plus, ont mis au rang des grands trafics ceux qui tiennent aux choses de l'esprit. De cette science, de cette expérience, de cette autorité reconnue, bénéficie seul le dépôt dont ils ont la charge. Recherches, découvertes, acquisitions, travail de catalogue et de classement, absorbent leur action laborieuse, uniquement tendue à accroître et à perfectionner un puissant instrument de la pensée.

Le terme de « bénédictin laïque », dont on abuse aujourd'hui à tout propos, et qui rappelle une des plus hautes formes de l'activité intellectuelle, c'est à la Bibliothèque qu'il trouve sa juste application. Labeur patient, coordonné, dirigé par les meilleures méthodes et pour le bien commun, n'ayant sa récompense qu'en lui-même et dans sa secrète perfection, voilà le Bénédictin d'autrefois et d'aujourd'hui ; voilà, sur un autre plan spirituel, le travailleur de la Nationale. Et, par un autre trait encore, ils se ressemblent : où le moine met l'humilité, le laïque porte la modestie, et ce sont vertus trop rares, dans le monde qui tient la plume, pour ne pas saluer au passage les hommes qui en donnent l'exemple.

Ceux que le boulevard quelquefois dédaigne, l'étranger se garde de les ignorer et beaucoup, à cause d'eux, estiment davantage notre pays. De grands témoignages l'attestent, et il en est un que je me reprocherais de taire.

Parmi les bibliothécaires de l'univers, le plus illustre se nomme aujourd'hui S. S. Pie XI. Une longue carrière de savant a mené le Préfet de l'Ambrosienne à la direction de la Vaticane, puis à cette action diplomatique qui l'a désigné pour le gouvernement de l'Eglise. Rien ne repose davantage le Souverain Pontife que de s'entretenir, à l'occasion, avec les représentants des études qui firent si longtemps l'horizon de sa vie. J'ai dû à la bienveillance qu'il leur conserve, et peut-être à des travaux communs sur Pétrar-

que, la faveur d'une audience récente. La voix auguste évoquait avec une sorte de regret le temps des rencontres d'autrefois :

« Ah ! mon fils, les hommes sont moins aisés à gouverner que les livres. »

Mais aussitôt revenait à la pensée du Pape ses voyages d'études à Paris. Il rappelait ses laborieuses journées à la Nationale, son admiration pour Léopold Delisle, leur longue correspondance d'amitié. Il me questionnait sur l'état présent de la maison, sur sa belle activité qu'il avait encore le loisir de suivre de loin. Les noms des savants qui l'honorent se pressaient dans sa merveilleuse mémoire : « Que devient un tel ? et un tel ? Vous avez de si bons paléographes ! Où en est tel catalogue ? Travaille-t-on aussi bien qu'au temps de mon cher Delisle ? »

J'ai pu rassurer le Saint Père sur l'avenir de notre Bibliothèque. Mais je me suis promis de dire qu'il n'a rien oublié d'elle. J'ai deviné, dans sa rêverie d'un instant, qu'il retrouvait un peu de sa jeunesse rue Richelieu. Il revoyait nos salles, sa table, sa fenêtre choisie, conversait comme autrefois avec des confrères aimés ; il reprenait, pour se reposer de son lourd fardeau, sa place de travailleur parmi nous.

PIERRE DE NOLHAC,
de l'Académie française.

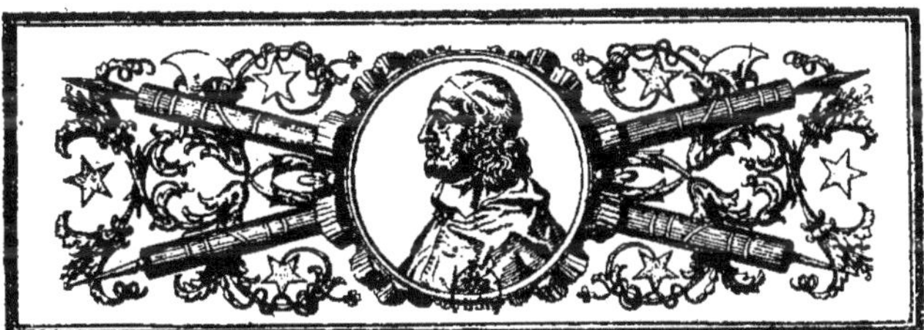

PRÉFACE

Au succès de l'exposition du Moyen Age, la Bibliothèque Nationale devait répondre par un nouvel effort. Nous ne pouvions oublier que l'empressement du grand public à venir admirer les œuvres réunies, au mois de février 1926, incita le Parlement à nous donner cette personnalité civile et ce droit d'effectuer des recettes, faute desquels nos collections risquaient de s'appauvrir.

Il importait donc que notre Bibliothèque méritât encore les suffrages de toutes les personnalités qui, depuis 1924, n'ont cessé d'encourager nos initiatives.

Nous avions également le souci d'offrir aux visiteurs une salle plus grande que celle où ils se pressaient. Une généreuse libéralité nous a permis d'ouvrir la galerie digne des richesses que nous possédons.

Enfin l'année 1927 coïncide avec le deuxième centenaire de l'installation définitive de nos Services rue Richelieu et pareil anniversaire méritait qu'on le célébrât d'une façon exceptionnelle.

Ajouterai-je que la logique nous imposait, cette fois, de choisir, comme sujet, « le Siècle de Louis XIV »? Après « le Moyen Age » et « la Renaissance » et en attendant « le XVIIIe Siècle », « la Révolution française » et « le Romantisme », nous le rencontrions naturellement sur notre route.

Grâce à une heureuse coïncidence, nos ouvrages précieux et nos pièces rares se trouvent présentés, aujourd'hui, dans le cadre le plus somptueux. Il nous plaît d'y voir, pour notre sixième exposition, le gage d'une faveur égale à celle dont bénéficièrent nos précédentes entreprises.

La galerie que nous rendons au public fut construite vers le milieu du XVIIe siècle.

En 1634, Charles Duret, seigneur de Chevry, conseiller du Roi, président en la Chambre des Comptes, acquit le terrain situé à l'angle des rues « Vivien » et des Petits-Champs. L'architecte Le Muet y bâtit pour lui l'hôtel qui existe encore et dont Jacques Tubeuf, président en la Chambre des Comptes, devint ensuite propriétaire. Après avoir fait édifier trois maisons sur la rue des Petits-Champs, Tubeuf, le 1er octobre 1643, loua, avec l'une d'elles, son hôtel à Mazarin, qui y transféra sa bibliothèque et ses collections, trop à l'étroit dans l'ancien palais de Richelieu.

Bientôt, la place manqua. Le cardinal ne cessait d'accroître le nombre de ses manuscrits, de ses livres et de ses œuvres d'art. Il pria donc Tubeuf d'agrandir l'hôtel, dont les ailes furent prolongées jusqu'à la rue des Petits-Champs, et d'acheter les pièces de terre, en bordure des rues Richelieu, Vivienne et de la ruelle qui, plus tard, portera le nom de Colbert. Puis il obtint du président la construction, sur la rue Richelieu, d'un immeuble avec galerie, long de 152 mètres, devenu l'hôtel de Nevers et démoli sous le second Empire, ainsi que celle de la double galerie qui domine le jardin sur la rue Vivienne. L'un fut réservé à la garde de sa bibliothèque, où était admis le public lettré, l'autre à la conservation de ses antiques, de ses tableaux, de ses meubles et de ses tapisseries [1].

Conçue d'après un plan tout italien et terminée vers la fin de 1645, cette seconde galerie prolongea heureusement l'hôtel de Chevry; François Mansart, qui l'avait édifiée, n'en fut pas moins accusé, dans une pièce satirique, « la Mansarade », d'y avoir commis maintes erreurs et malfaçons.

Pour la décorer, Mazarin, sur la recommandation de ses hôtes, les cardinaux Barberini, fit venir d'Italie deux artistes réputés, G. F. Grimaldi et G. Romanelli, disciples des Carrache et de Pierre de Cortone. Le premier peignit, au rez-de-chaussée, tout un ensemble, disparu depuis lors en grande partie, et, au premier étage, les paysages qui éclairent les niches et les embrasures des fenêtres. Quant à Romanelli, il fut chargé d'exécuter les fresques des voûtes, entre autres les grandes suites mythologiques et héroïques: « Apollon et Daphné », « le Parnasse », « le Jugement de Pâris », « Jupiter foudroyant les Titans », « l'Enlèvement d'Hélène », etc., où se révèle la plus prestigieuse habileté. Une légende veut que certaines jeunes femmes de la Cour aient

1. Cf. *Les origines du Palais Mazarin*, par M. Louis Batiffol (*Gazette des Beaux-Arts*, avril 1908) et la communication très remarquée, faite par M. Jean Vallery-Radot à la Société de l'Histoire de l'Art français, le 3 décembre 1926. La Galerie Mazarine mesure 47 mètres de longueur, 7m 40 de largeur et 9m 20 de hauteur sous clef.

servi de modèles au peintre, et le succès de ces œuvres fut tel que Louis XIV confia au même artiste le soin d'orner diverses salles du Louvre.

Il serait trop long de reprendre ici le récit des démêlés que le président Tubeuf eut avec le Cardinal, pour obtenir le paiement des sommes qui lui étaient dues. Rappelons seulement que, mettant à profit les troubles des deux Frondes, au cours desquels le Parlement fit vendre tour à tour le mobilier, les collections et la bibliothèque de Mazarin, Tubeuf, par divers moyens de procédure, contraignit celui-ci, — un premier versement de 100.000 livres ayant été effectué, — à devenir lui-même propriétaire de l'hôtel, des galeries et des terrains pour une somme de 750.000 livres environ[1].

Cependant, plein de sagacité patiente, d'intelligence et de goût, Mazarin reconstitua, dans ces bâtiments devenus son propre palais, la plus grande partie de sa bibliothèque et des richesses artistiques qu'avaient, un instant, dissociées les vicissitudes de sa fortune politique. Si bien que les louanges de Brienne, la gravure de Nanteuil et de Van Schuppen et la relation d'une loterie offerte aux reines et à la Cour, que Mademoiselle de Montpensier nous a laissée dans ses « Mémoires », évoquent vraisemblablement avec exactitude la fastueuse ordonnance des « raretés » qu'il sut de nouveau réunir. Statues, tableaux[2], tapisseries, tapis et étoffes splendides, meubles, cabinets de la Chine, miroirs garnis de plaques d'or, d'argent, d'ivoire et d'écaille, chandeliers, vases, cristaux, bijoux s'accumulèrent entre les murs de sa galerie, tendue de damas rouge à ses armes.

1. 100.000 autres livres restèrent à la charge de la succession.
2. Un certain nombre d'entre eux sont conservés au Louvre.

Un jour de 1661, il lui fallut, hélas! quitter « tout cela » et s'en aller mourir au château de Vincennes.

Le palais Mazarin fut alors divisé en deux lots : les bâtiments de la rue Richelieu devinrent la propriété de P. J. Mazarini Mancini, duc de Nevers, puis du traitant Châtelain[1] et, finalement, du roi, par l'intermédiaire de Law ; le reste échut à Hortense Mancini, épouse de C.-A. de La Porte de La Meilleraye, duc de Mazarin, un maniaque d'humeur sombre qu'abandonna bientôt sa jeune femme, pour fuir à la Cour du duc de Savoie, puis en Angleterre.

Successivement, l'ancien hôtel de Chevry[2] et le rez-de-chaussée de la Galerie furent occupés, au XVIIIe siècle, par Law, la Compagnie des Indes, la Bourse et le Trésor. En 1828, E. Jomard installa les collections géographiques à l'endroit même où devait les remplacer, vingt-six ans plus tard, le Cabinet des Estampes. Quant à la galerie du premier étage, dès le milieu du XVIIIe siècle, elle fut utilisée comme magasin du Cabinet des Manuscrits, dont la salle de travail se trouvait dans la « Traverse » supprimée sous le second Empire.

Vers cette époque, l'architecte L. Visconti décida de tout démolir et de transférer ailleurs les fresques de Romanelli. Sa mort l'empêcha, heureusement, de mettre à exécution un projet aussi absurde, et son successeur, P. Labrouste, plus respectueux du passé, conserva la Galerie Mazarine, dans les combles de laquelle l'École des Chartes avait obtenu, quelque temps, un asile.

Lorsque les manuscrits eurent été déplacés et que la section

1. Qui y accumula, quelque temps, des fourrages et des grains.

2. Dans un de ses murs, au XIXe siècle, on découvrit le squelette d'un homme dans les côtes de qui était encore enfoncé un poignard.

des collections géographiques se trouva établie sur la cour de la rue des Petits-Champs, P. Labrouste, en 1854, aménagea le rez-de-chaussée de la galerie pour le Cabinet des Estampes. La surélévation du plancher, qu'il jugea nécessaire, déséquilibra, malheureusement, les proportions de la salle. L'année suivante, il reprit la façade tout entière, sans modifier ni le style, ni les éléments dont elle se composait. En 1869, il chargea Desgoffe, élève d'Ingres[1], de repeindre partiellement les paysages, dont s'ornent les niches de la galerie haute. Enfin, deux ans après, il restaura celle-ci : simples travaux de détail, puisqu'aucune retouche ne fut apportée ni à l'architecture, ni aux fresques de Romanelli qui avaient conservé, du reste, leur fraîcheur première.

Entre 1878 et 1914, la galerie servit de salle d'exposition permanente. Longtemps, des manuscrits, des autographes et des reliures, choisis parmi les plus célèbres, y furent rassemblés. Mais les justes soins d'une conservation mieux avertie leur firent substituer peu à peu de simples fac-similé. Après la guerre, ces pièces disparates n'intéressèrent plus les visiteurs et, en 1925, nous libérâmes la Galerie Mazarine des lourdes vitrines qui l'encombraient, n'y laissant que celles où fut présentée une suite d'objets curieux appartenant au Cabinet des Médailles et à la Section de Géographie. Puis, lorsque l'Exposition internationale des Arts décoratifs eut fermé ses portes, nous y réunîmes les nombreux ouvrages offerts à la Bibliothèque Nationale par les sections étrangères. Quelques mois plus tard, un don magnifique nous permettait de réaliser le vœu que nous formions, mes collaborateurs et moi, depuis 1924 : assurer aux bibliothèques de France la plus belle salle

1. Qui avait, on le sait, exécuté le rocher de « la Source ».

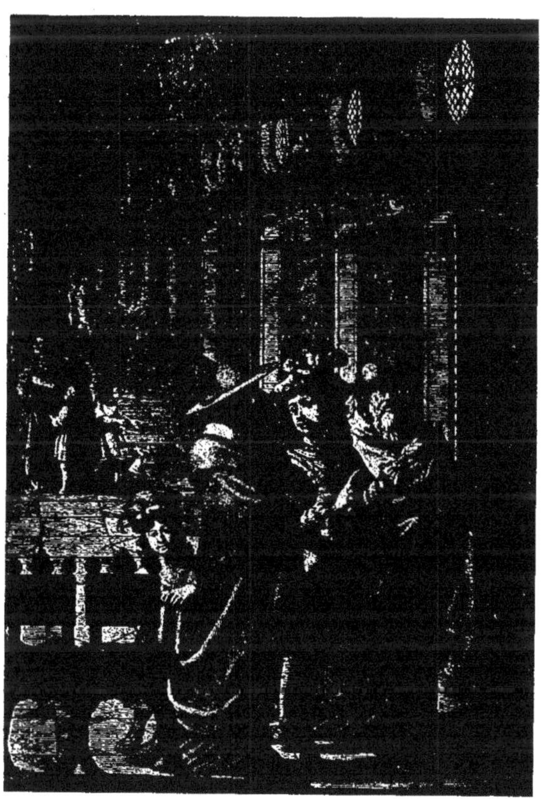

N° 68

UNE GALERIE DES BATAILLES
Gravure d'Abraham Bosse, d'après Claude Vignon,
pour « la Pucelle » de Chapelain (1656).

Au nom du Pere et du Fils et du Saint Esprit.

Je desire qu'apres ma mort mon corps soit porté à Port Royal des Champs, et qu'il y soit inhumé dans le Cimetiere aux piez de la fosse de Mr Hamon. Je supplie tres humblement la Mere Abbesse et les Religieuses de vouloir bien m'accorder cet honneur, quoy que je m'en reconnoisse tres indigne et par les scandales de ma vie passée, et par le peu d'usage que j'ay fait de l'excellente education que j'ay receüe autrefois dans cette Maison et des grands exemples de pieté et de penitence que j'y ay veus et dont je n'ay esté qu'un sterile admirateur. Mais plus j'ay offensé Dieu plus j'ay besoin des prieres d'une si sainte Communauté pour attirer sa misericorde sur moy. Je prie aussi la Mere Abbesse et les Religieuses de vouloir accepter une somme de huit cens livres que j'ay ordonné qu'on leur donne apres ma mort. Fait a Paris dans mon cabinet le dixieme Octobre mille six cens quatrevingt dix huit. Racine

N° 80

TESTAMENT AUTOGRAPHE DE RACINE
(10 octobre 1698).

d'exposition dont elles puissent s'enorgueillir et l'inaugurer, au cours de l'année qui marque le second centenaire de ce qu'en 1739, notre premier historiographe, l'abbé Jourdain, appelait « dans nos fastes, une époque des plus mémorables[1] ».

Sans doute, le nouveau maître de la Librairie, l'abbé Jean-Paul Bignon avait obtenu, dès 1721, que la Bibliothèque fût transférée de l'hôtel de Colbert, situé en face du palais Mazarin, rue Vivienne, dans l'hôtel de Nevers qu'abandonnait, rue Richelieu, la Banque royale[2]. Mettant à profit la ruine du « Système » et aidé par M. de Maurepas, Bignon, en effet, persuada au Régent de prescrire cette importante mesure, que sanctionna un ordre du Conseil. Les premières séries de manuscrits, de livres et d'estampes furent ainsi « entassées sur des tablettes faites hâtivement ou placées contre le carreau de plusieurs chambres et d'espèces de galetas ». Mais les créanciers de J. Law et le liquidateur G. Tartel intervinrent. Il fallut subir maintes chicanes. Après une longue procédure, des lettres patentes furent enfin données à Versailles, en mai 1724, puis enregistrées au Parlement et à la Chambre des Comptes : l'hôtel de Nevers devint alors la propriété « perpétuelle » de la Bibliothèque royale[3].

Comme l'a fort bien démontré M. Amand Rastoul, dans une

1. Les travaux récemment effectués dans la galerie ont été dirigés par M. Alfred Recoura, architecte en chef, avec la collaboration de M. Emery, architecte ordinaire, et de MM. Aubert, Onillon et Smagghe, peintres décorateurs.

2. Son prédécesseur, Camille Le Tellier, abbé de Louvois, avait déjà tenté vainement d'effectuer ce transfert.

3. L'hôtel resta cependant grevé d'une servitude, durant dix années encore, Mme de Lambert ayant conservé, jusqu'à sa mort, la jouissance de l'appartement qu'à l'angle de la rue Colbert, sur l'arcade, lui avait loué le duc de Nevers.

excellente notice encore inédite, l'aménagement des salles et magasins subit toutefois des nouveaux retards. L'expert, Charles de L'Épée, mit quatorze mois à établir l'état des lieux, puis le cardinal de Fleury tergiversa, car « il s'était mis sur le pied de l'épargne, au point que si on lui demandait seulement cinquante francs, il ne les accordait pas ».

L'abbé Bignon finit, néanmoins, par l'émouvoir, car il s'inquiétait du désordre où se trouvaient ses collections dispersées entre deux hôtels. Le vendredi 19 mai 1727, Fleury vint donc visiter les nouveaux bâtiments. Reçu par un personnel plein d'espérance, le fin lettré qu'il était l'emporta sur le ministre économe. Il décida l'octroi de crédits considérables et le premier architecte du Roi, Robert de Cotte, fut chargé d'établir, avec l'abbé Bignon, un mémoire détaillé, puis le devis des dépenses à prévoir, soit 244.995 livres. Le 8 septembre, le duc d'Antin, surintendant des Bâtiments, approuva l'ensemble du projet, comme « le plus beau du monde et le plus sage ». Les travaux, commencés aussitôt, se poursuivirent en 1728 et les années suivantes : ils coûtèrent finalement plus de 500.000 livres.

Cependant, la réorganisation des Services s'effectuait dans l'hôtel de Nevers, malgré les embarras que provoquait la mise en état des bâtiments. Tous les livres trouvèrent place près des manuscrits et des généalogies, sur les rayonnages neufs de la galerie jadis réservée à la bibliothèque de Mazarin, et l'hôtel de la rue Vivienne fut libéré des derniers fonds qui y restaient encore[1]. Un récolement, terminé vers le 1er juillet, assura le

1. Le Cabinet des Estampes, non sans quelque désordre, lui aussi, occupait, depuis 1722, la galerie neuve commencée par Law (salle de travail actuelle des Manuscrits), près de laquelle avaient été placés les

retour de nombreux ouvrages manquants. D'autre part, les secrétaires de l'abbé Bignon prirent possession du local qui leur était réservé et le personnel fut autorisé à habiter les logements que lui garantissaient les lettres patentes de mai 1724.

Tous ces faits réunis permettent donc de considérer que l'installation définitive de notre Bibliothèque à l'emplacement qu'elle occupe aujourd'hui date bien de l'année 1727[1]. En assurant aux collections royales l'hospitalité digne de l'importance et de la splendeur qu'elles avaient prises, l'abbé J.-P. Bignon fixa leur destin pour trois siècles.

L'exposition qui commémore cet anniversaire fut établie sur un plan comparable à celui des manifestations antérieures. Les données scientifiques s'y harmonisent avec le souci d'offrir au public le spectacle d'une époque. Nous avons négligé les détails, n'évoquant, en général, les faits essentiels et les personnages notoires que par la pièce la plus belle ou la plus singulière. Il ne s'agit pas ici d'un minutieux classement, mais d'une sorte de fresque qui s'impose par son ampleur, son ordonnance et sa clarté.

Je remercierai tout d'abord Mme Florence G. Blumenthal qui, affirmant une fois encore sa sympathie pour notre pays, voulut prendre à sa charge la remise en état intégrale de la Galerie Mazarine, et MM. Maurice Fenaille, David Weill,

admirables globes de Coronelli, sciés en deux à la fin du siècle dernier et déplorablement relégués dans l'Orangerie du château de Versailles. Quant au Cabinet des Médailles, il resta à Versailles, jusqu'en 1741.

1. Autre fait caractéristique : la chapelle, aujourd'hui détruite, fut rouverte en mars 1727 et bénite par l'abbé Couet, vicaire général du cardinal de Noailles, archevèque de Paris.

membres du Conseil des Musées nationaux, Baguès, André Citroën, Sir Joseph Duveen, MM. Finaly, Octave Homberg, de Rothschild frères, Arnold Seligmann, le comte de La Villestreux et Georges Wildenstein, la Banque de France, la Banque de l'Indochine, la Compagnie générale transatlantique, le Comptoir National d'Escompte et le Crédit Lyonnais, dont le généreux concours garantit à notre Bibliothèque l'exécution de travaux indispensables. Si l'article 151 de la loi du 29 avril 1926 peut être appliqué cette année même, nous le leur devons, non moins qu'au regretté Henry Simon, à M. le président Édouard Herriot et à MM. Paul Doumer, Henry Chéron, Lamoureux, de Chappedelaine, Ducos, Jean Locquin et Ernest Lafont qui, sur la si diligente initiative de M. Fernand Faure, firent adopter cet article par les deux Chambres.

Autant qu'à ces personnalités, il m'est précieux d'exprimer notre gratitude à tous les collectionneurs et chefs d'établissement qui nous ont libéralement prêté leur concours pour l'organisation du « Siècle de Louis XIV » : MM. Louis Barthou, le duc de La Rochefoucauld, Jean Lebaudy, Lefuel, F. Merlant, le comte de Rosanbo, A. Rondel, Edme Sommier, G. Téry et le marquis de Voguë, comme MM. les Administrateurs de l'Arsenal, de la Mazarine, de Sainte-Geneviève et du Mobilier national, les Directeurs des Archives nationales, des Musées nationaux (sans omettre les Conservateurs MM. Jean Guiffrey, André Pératé et Gaston Brière) et du Musée de l'Armée, MM. les Secrétaires perpétuels de l'Académie française et de l'Académie des Inscriptions et Belles-Lettres, l'Administrateur général et le Comité de la Comédie-Française, MM. les Conservateurs des Bibliothèques d'Art et d'Archéologie, du Conservatoire de Musique, de l'École des Beaux-Arts, de l'Institut, du Museum, de la Société d'Histoire du Protestantisme français et de la ville de Versailles, MM. les chefs du Service historique de la Marine, du Service hydrographique de la Marine et du Comité technique du Génie. Je ne saurais trop remercier également MM. Bacri, Larcade, Arnold Seligmann, Germain Seligmann et Georges Wildenstein qui nous aidèrent à décorer la galerie.

Concours précieux qui égale en valeur celui de M. Paul Léon, Directeur des Beaux-Arts, de M. l'Inspecteur général Pol Neveux, de M. Richard Cantinelli et de M. Fauchier-Magnan, ainsi que la collaboration perspicace, inlassable et si dévouée de MM. de La Roncière, Dieudonné, P.-A. Lemoisne, Emile Leroy, Emile Dacier, Jean Babelon, André Martin, Paul Bondois, Jean Cordey, Pierre d'Espezel, Ch. du Bus et Jean Vallery-Radot, dont notre exposition fut l'œuvre[1].

En tête de ce catalogue, M. Pierre de Nolhac a voulu exprimer aux fonctionnaires et aux agents de notre Bibliothèque la sympathie qu'ils lui inspirent. Je lui sais un gré très vif de ce message qui, au seuil de notre nouvelle exposition, unit tous les membres du personnel dans une même pensée affectueuse. Personne n'était mieux qualifié que notre éminent ami, collègue d'autrefois, pour évoquer dignement le souvenir de nos aînés et juger l'effort de la génération nouvelle.

Il y a là une précieuse attestation de la solidarité qui existe d'âge en âge entre les artisans de la même œuvre. Riches d'un passé magnifique, nous n'en servirons qu'avec plus de constance, en dépit des difficultés présentes, la noble Maison dont nous avons la charge.

P. R. ROLAND-MARCEL

1. Je commettrais un oubli si je ne nommais pas aussi M. Paul Tisseau, commissaire général de l'Exposition, et M. André Linzeler, bibliothécaire au Cabinet des Estampes.

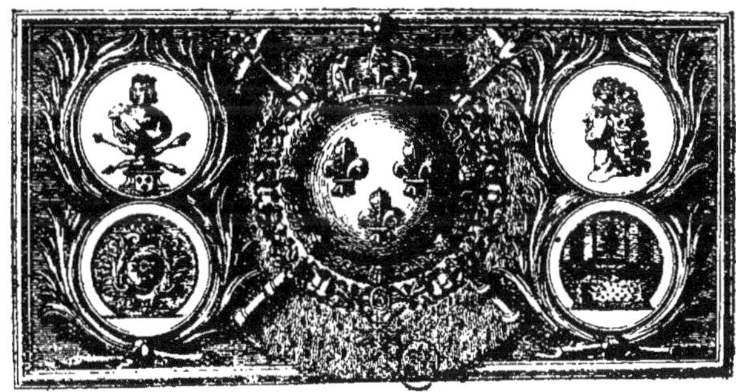

I

IMPRIMÉS ET MANUSCRITS

LES DERNIÈRES ANNÉES DU RÈGNE DE LOUIS XIII

1. Le Cid, tragi-comédie [par Pierre Corneille]. — Paris, A. Courbé, 1637. In-4°. — Dép. des Imprimés.

Édition originale de la pièce, jouée à la fin de 1636 ou au début de 1637, avec un tel succès que tous les auteurs dramatiques de l'époque se soulevèrent contre Corneille. Richelieu, qui avait pris parti contre lui, exigea de l'Académie qu'elle fît connaître son sentiment sur *le Cid*. Deux rédactions de cette critique, successivement proposées par l'Académie, furent rejetées par le Cardinal. Une troisième, due à Chapelain, fut reçue enfin après corrections (voir le n° suivant) et parut en 1638.

2. Les Sentimens de l'Académie françoise sur la question de la tragi-comédie du « Cid » (1637). — Dép. des Manuscrits.

Ce manuscrit, écrit par Jean Chapelain, résume les critiques officielles, faites à l'œuvre de Corneille sur l'ordre de Richelieu. On y voit des apostilles de la main du Cardinal. Voir le n° précédent.

3. **Didon,** tragédie de M. de Scudéry. — Paris, A. Courbé, 1637. In-4°. — Bibl. de l'Arsenal (coll. Rondel).

Exemplaire avec dédicace autographe de l'auteur à Mlle Paulet. — Angélique Paulet (1591-1650), dite la Belle Lionne, « une bourgeoise à qui sa beauté rousse et son esprit faisaient une noblesse » (Lanson), était la fille de Charles Paulet, le secrétaire de la Chambre d'Henri IV et le promoteur de l'impôt dit « paulette ». Accueillie avec grand succès dans le monde des Précieuses, elle fut l'amie intime de Mme de Rambouillet et de Mlle de Scudéry qui a fait d'elle dans *Cyrus*, sous le nom d'Élise, un portrait des plus flattés.

4. **Affiche passe-partout,** annonçant plaisamment la prochaine représentation d'une pièce de théâtre de Scudéry. — Bibl. de l'Arsenal.

5. **Lettre de Louis XIII au cardinal de Richelieu** (Chantilly, 16 août 1637). Autographe. — Dép. des Manuscrits (coll. de Saint-Albin).

Le roi insiste sur le rôle de la reine, Anne d'Autriche, qu'il désigne par le sobriquet de Chenelle, dans l'affaire du Val-de-Grâce.

6. **Minute de lettre de Richelieu à Léon Bouthillier, comte de Chavigny** (4 septembre 1638). Autographe. — Dép. des Manuscrits.

Les dessins d'oiseaux qui figurent sur cette page sont peut-être tracés par le ministre lui-même.

7. **Lettre de René Descartes à Constantyn Huygens** (18 février 1643). Autographe. — Dép. des Manuscrits (don de M. H. Dudley Buxton, d'Oxford).

Note sur le mouvement et la pesanteur.

8. **Discours de la Méthode pour bien conduire la raison et chercher la vérité dans les sciences. Plus la Dioptrique, les Météores et la Géométrie, qui sont des essais de cette Méthode**

[par René Descartes]. — Leyde, impr. de J. Maire, 1637. In-4°. — Bibl. de l'Arsenal.

Première édition de ce célèbre ouvrage philosophique. Exemplaire ayant appartenu au P. Mersenne, dont l'ex-libris manuscrit se trouve sur l'un des premiers feuillets : *Ex libris p. De Mercenne* [sic] : *1638*.

9. Mirame, tragi-comédie [par J. Desmarets de Saint-Sorlin]. — Paris, H. Le Gras, 1641. In-fol., front. et pl. gravés par Stefano della Bella. — Bibl. de l'Arsenal (coll. Rondel).

La pièce de Desmarets fut donnée pour l'inauguration de la grande salle du théâtre du Palais Cardinal, le 14 janvier 1641. Les planches gravées qui ornent le volume comptent parmi les plus luxueuses qui furent faites au XVIIe siècle pour une édition de pièce de théâtre; elles représentent le décor, unique pour les cinq actes de la pièce, en vertu de la règle de l'unité de lieu. L'unité de temps était marquée par les modifications de l'éclairage, visibles sur les gravures; elles indiquaient le progrès des vingt-quatre heures pendant lesquelles se passait l'action.

10. Pensées sur la Religion, par Blaise Pascal. Manuscrit autographe. — Dép. des Manuscrits.

L'abbé Louis Perrier, neveu de Pascal, remit en 1711 au bibliothécaire de l'abbaye de Saint-Germain-des-Prés, les feuillets de l'œuvre, laissée inachevée par son oncle, et qui consistaient « en petits papiers et feuilles volantes ». Ces notes sont presque toutes écrites par Pascal; quelques-unes sont transcrites par des personnes de son entourage. Malheureusement, pour faciliter la conservation, le texte a été découpé en morceaux, qui ont été collés sans grand ordre, de façon à faire le moins de pages possible. Les résultats de ce travail ont été fâcheux à tout point de vue.

11. Pensées de M. Pascal sur la religion et sur quelques autres sujets, qui ont esté trouvées après sa mort parmy ses papiers. — Paris, G. Desprez, 1669. In-12. — Dép. des Imprimés.

Seul exemplaire connu de cette première édition, parue sept ans après la mort de Pascal, des notes prises par lui en vue d'une apologie de la religion (v. le n° précédent).

LA RÉGENCE ET LE MARIAGE DE LOUIS XIV

12. Le Portrait de la Reyne, par Puget de La Serre. — Paris, P. Targa, 1644. Petit in-fol. — Bibl. Mazarine.

Exemplaire de dédicace à Anne d'Autriche imprimé sur vélin. Les caractères qui composent le titre et l'épitre ont été recouverts d'or. Les vignettes gravées et les lettres initiales historiées sont enluminées à la gouache. Reliure de velours noir aux armes de la reine, brodées de soie et entourées d'une cordelière de fils d'argent.

13. La Gallerie des femmes fortes, par le P. Pierre Le Moyne. — Paris, A. de Sommaville, 1647. In-fol., fig. gravées. — Dép. des Imprimés.

Le frontispice de Pierre de Cortone, gravé par Audran, représente « Anne d'Austriche, reyne régente de France, mère du peuple », sur un piédestal et couronnée par un ange ; autour d'elle, les femmes fortes de l'Antiquité.

14. Thèmes latins de Louis XIV (1647). Autographe. — Dép. des Manuscrits (coll. Béthune).

Ces devoirs ont été faits, lorsque le royal écolier avait neuf ans et travaillait sous la direction de l'abbé Hardouin de Beaumont de Péréfixe, le futur archevêque de Paris. Le souverain offrit en 1651 ce cahier à son ami, Hippolyte de Béthune, comte de Selles.

15-16. Traduction des Thèmes de Louis XIV par l'abbé Charles-Alexandre de Carcavy (1682). — Dép. des Manuscrits.

Le jeune abbé de Carcavy, fils du garde de la Bibliothèque royale, le savant Pierre de Carcavy, traduisit en quarante-trois langues, — dont le chaldéen et le « canada », — les thémes de l'enfant-roi. Le Cabinet des Manuscrits possède les exemplaires de ce travail, qui furent offerts à Louis XIV et à Colbert. Ils sont ornés de deux dessins de Sébastien Le Clerc. Le premier représente le petit prodige travaillant dans une des salles de la Bibliothèque, entouré des représentants des peuples dont il utilisait le langage; le second le montre présentant son œuvre au contrôleur-général.

17. Ordonnances royaux sur le faict et jurisdiction de la prévosté des marchands et eschevinage de la Ville de Paris... — Paris, P. Rocolet, 1644. In-fol., front. gravé. — Dép. des Imprimés.

Exemplaire sur grand papier, rel. mar. r. aux armes de Condé, avec semis de fleurs de lis. — L'ouvrage est précédé d'un grand frontispice gravé par Claude Mellan, représentant la reine-mère tenant sur ses genoux Louis XIV enfant, à qui le prévôt des marchands et les échevins de Paris, agenouillés, présentent le livre; sur la bordure, en haut, les armoiries royales et celles de Paris; en bas, les armoiries et les noms des échevins. Remarquables portraits. « L'attitude des échevins est celle d'un profond respect; mais, si l'expression de leurs visages traduit bien leurs pensées, ils se jugent les meilleurs défenseurs de cette veuve et de cet orphelin » (J. Duportal). Le premier échevin (le premier du groupe de droite) est Sébastien Cramoisy, le célèbre imprimeur, qui a surveillé l'impression de l'ouvrage.

18. Lettre d'Anne d'Autriche à Mazarin (La Fère, 16 août 1655). Autographe. — Dép. des Manuscrits (coll. Clairambault).

La reine exprime la joie qu'elle a eue en recevant des nouvelles du cardinal par Jean Hérault de Gourville.

19. Carnet de Mazarin (1643). Autographe. — Dép. des Manuscrits (coll. Baluze).

Les quinze petits agendas, dits *Carnets de Mazarin*, sont écrits en mauvais français, en italien, en espagnol. Parfois ces notes sont tracées au crayon, et fort rapidement. Ce griffonnage est souvent illisible, et les allusions du texte sont difficiles à comprendre. Victor Cousin en a tiré fort bon parti pour ses travaux sur l'histoire de la Fronde. Le carnet exposé est ouvert à un passage relatif à Turenne, qui y est jugé avec sévérité.

20. **La Robbe sanglante de Jules Mazarin, ou les Véritables récits des fourbes, des impostures et autres vices,** par le sieur de Mirand... — Paris, F. Meusnier, 1649. In-4. — Dép. des Imprimés (voir la notice du n° suivant).

21. **Dialogue entre le Roy de bronze et la Samaritaine sur les affaires du temps présent.** — Paris, A. Cotinet, 1649. In-4. — Dép. des Imprimés.

Deux exemples des innombrables pamphlets en vers et en prose publiés pendant la Fronde contre Mazarin (1648-1653). Ces « Mazarinades » étaient dues, pour une part, à des écrivains réputés, tels que Scarron, le cardinal de Retz, Guy Patin, O. Patru, J. Loret, etc.

22. **Affiche de Turenne « aux bons bourgeois de Paris »** (4 septembre 1650). — Dép. des Imprimés.

Contre le cardinal de Mazarin, « perturbateur de la tranquilité public ».

23. **Mémoires de Mlle de Montpensier (Anne-Marie-Louise d'Orléans).** Manuscrit autographe. — Dép. des Manuscrits.

Le manuscrit est ouvert à la page où la Grande Mademoiselle fait avec complaisance la description de la fête offerte au mois de mars 1658 en son palais par Mazarin au roi, à la reine-mère, à la reine d'Angleterre et à elle-même. Elle insiste sur la merveilleuse loterie qui fut alors tirée en la galerie du cardinal et note que « cette galante libéralité fit beaucoup de bruit à la cour, par tout le royaume et aux pays étrangers ».

24. **La Relation de l'Isle imaginaire et l'histoire de la princesse de Paphlagonie** [par Mlle de Montpensier]. — (S. l.,) 1659. In-8. — Dép. des Imprimés.

Exemplaire du duc de La Force, annoté par lui au titre et

accompagné d'une « clef » de sa main. — Dans cet ouvrage, la fille de Gaston d'Orléans a peint des portraits de contemporains sous des noms supposés, dont la note autographe du duc de La Force donne la clef : « La princesse de Paphlagonie est Mlle de Vendi, le roi de Trace le cardinal Mazarin, la reine des Amazones Mademoiselle, la déesse d'Athènes Mme de Rambouillet... »

25. Mémoires de Jean-Paul de Gondi, cardinal de Retz. Manuscrit autographe. — Dép. des Manuscrits.

Au feuillet exposé, Retz décrit un épisode de la Fronde parisienne, l'accueil brutal fait par le peuple au premier président du Parlement, Mathieu Molé.

26. Traité des Pyrénées (7 novembre 1659). Texte original signé : *Le card[inal] Mazarini. D[on] Luis Mendez de Haro.* — Archives nationales.

Au-dessous de sa signature, chaque ministre a apposé sur cire rouge le sceau de ses armes. — Le traité des Pyrénées, qui mettait fin à une guerre de vingt-quatre ans avec l'Espagne, fut signé au milieu de la Bidassoa, dans l'île des Faisans. Les préliminaires de la paix entre Philippe IV et Louis XIV avaient été signés le 4 juin précédent. Un cahier contenant les clauses secrètes est joint au texte du traité.

27. [**Plans, profils et vues de camps, places, sièges, batailles, servant à l'histoire de Louis XIV,** gravés par S. de Beaulieu (1643-1697)]. — (S.l.n.d.) 3 vol. in-fol. — Dép. des Imprimés.

L'ouvrage est ouvert à la grande planche dépliante, gravée par Pérelle d'après S. de Beaulieu, qui a pour titre : *L'Isle de la Conférence, où la Paix a été conclue entre la France et l'Espagne le 7 novembre 1659.* On y voit le cortège de Louis XIV s'acheminer en grande pompe vers l'île des Faisans, cependant que le roi d'Espagne et l'Infante y arrivent en barque par la Bidassoa.

28. L'Entrée triomphante de Leurs Majestez Louis XIV,... et Marie-Thérèse d'Austriche,... dans la ville de Paris au retour

de la signature de la paix générale et de leur heureux mariage... [par Jean Tronçon]. — Paris, P. Le Petit, 1662. In-fol., front., portraits et pl. gravés. — Dép. des Imprimés.

Exemplaire à grandes marges, rel. mar. r. aux armes. — L'ouvrage est orné d'un frontispice de F. Chauveau représentant le prévôt des marchands et les échevins de Paris offrant le livre au roi, d'une épître dédicatoire gravée, d'un portrait du roi par Poilly, enfin de planches par N. Cochin, Le Pautre et J. Marot montrant le détail du cortège qui défila dans Paris à l'occasion de l'entrée de Louis XIV et de Marie-Thérèse, le 26 août 1660, avec les principaux monuments et décorations de la capitale.

LE ROI ET LE GOUVERNEMENT

29. Lettre de cachet ordonnant au gouverneur de la Bastille d'écrouer Fouquet, que d'Artagnan doit lui amener le lendemain, venant du donjon de Vincennes (18 juin 1663). — Bibl. de l'Arsenal.

En regard de cet acte signé *Louis* et contresigné *Le Tellier*, est un ordre rédigé et signé par Fouquet (25 octobre 1659) concernant l'exil en province d'un gazettier, alors prisonnier à la Bastille, et une quittance munie de la signature du surintendant (4 juin 1653).

30. Lettre de Suzanne de Bruc, marquise du Plessis-Bellière, à Nicolas Fouquet (s. d.). Autographe — Dép. des Manuscrits (coll. Baluze).

Cette missive a été saisie au château de Saint-Mandé en septembre 1661 et fait partie de la « cassette de Fouquet », constituée par Colbert avec certains documents compromettants pour son ennemi et qu'il tenait à conserver entre ses mains.

31. Élégie [Aux Nymphes de Vaux, par J. de La Fontaine]. — (S. l. n. d.). In-4. — Dép. des Imprimés.

L'exemplaire exposé porte, au-dessous du titre, cette note ms. ancienne : *Plainte sur les malheurs d'Oronte, M. Fouquet.* Cette pièce, composée sans doute en 1661, au moment de la disgrâce de Fouquet, fut imprimée d'abord en italique, sans adresse, ni date, ni signature (3 pages in-4), sous le simple titre ci-dessus ; elle fut réimprimée en 1667, dans un recueil, avec ce titre : *Pour le malheureux Oronte* ; puis en 1671, dans les *Fables nouvelles*, avec : *Pour M. F.* ; enfin, la même année, sous le titre : *Élégie pour M. Fouquet*.

82. **Affiche** annonçant la vente aux enchères des livres, orangers, médailles et diamants de Fouquet. — Dép. des Imprimés.

La vente des biens mobiliers de Fouquet n'eut lieu qu'en 1665, 1666 et 1667, c'est-à-dire plusieurs années après l'arrestation et même la condamnation du surintendant.

83. **Médailles sur les principaux évènemens du règne de Louis le Grand.** — Paris, Impr. royale, 1702. In-fol., front. et pl. gravés. — Dép. des Imprimés.

Rarissime exemplaire des planches tirées à grandes marges et avant le texte imprimé. — La première édition de ce magnifique ouvrage comprend 286 médailles, dont 33 dessinées et gravées par S. Le Clerc, et 53 qui paraissent dessinées et frappées d'après sa composition ; elles sont gravées par les deux Simonneau, Benoît Audran, B. Picart, etc. Les 200 autres sont gravées par les mêmes d'après les dessins d'Antoine Coypel. En outre, les pages sont encadrées de bordures et illustrées de fleurons, dessinés et gravés par Bérain. Le texte, dont on trouvera ci-après un spécimen (v. le n° suivant), était composé en caractères nouveaux (qui firent révolution quand ils parurent), spécialement dessinés, gravés et fondus pour le roi par Philippe Grandjean. L'ouvrage, imprimé sous la direction de Jean Anisson, directeur de l'Imprimerie royale, est un des chefs-d'œuvre de la typographie au début du XVIIIe siècle. Il en a été fait la même année 1702 une édition in-4° moins luxueuse, et en 1723 une 2me édition in-fol. contenant l'histoire métallique de Louis XIV jusqu'à la mort du roi. Les médailles elles-mêmes sont exposées par le Cabinet des Médailles (voir les n°s 536 et suivants).

34. Médailles sur les principaux évènemens du règne de Louis XIV. — Paris, Impr. royale, 1702. In-fol., fig. gravées. — Dép. des Imprimés.

Exemplaire unique d'un tirage d'essai où le texte, — composé en caractères Grandjean, dits « Grandjean du Roi », — a été imprimé en noir, et l'encadrement des pages, ainsi que les médailles et vignettes, en rouge. Voir le n° précédent.

35. Mémoires de Louis XIV. Manuscrit autographe. — Dép. des Manuscrits (don du maréchal duc de Noailles).

Le Journal et les Mémoires du roi ont été rédigés pour servir particulièrement à l'instruction du Dauphin, à la suite de conversations avec le monarque et sous sa direction, par Octave de Périgny, le précepteur du prince. Ce travail fut continué après la mort de celui-ci et finalement mis au point et complètement déformé par Pellisson. Les « feuillets » entièrement autographes sont particulièrement curieux, car ils représentent le début de l'œuvre et sont vraiment personnels : ils étaient rédigés d'avance par Louis XIV, pour servir de plan aux conversations où se préparait le travail de composition et de rédaction.

36. Histoire de Louis le Grand, avec ses portraits à différents âges... par Antoine Benoist, peintre ordinaire et sculpteur sur cire (1706). — Dép. des Manuscrits.

Les médaillons de Benoist du Cercle représentent Louis XIV aux différentes époques de sa vie, de cinq à soixante-dix ans. Ainsi, on le voit en face de la reine Marie-Thérèse, lors de leur mariage en 1660. Voir aussi au n° 1121 les gouaches d'Antoine Benoist, conservées au Cabinet des Médailles.

37. Description d'une gallerie statuaire, érigée à la gloire du Roy, mise au jour... par le grand doyen de l'église de Toul, Pierre Gaulthier (1705). — Dép. des Manuscrits.

Cette galerie devait être édifiée à Dommartin, près de Toul, dans la maison de plaisance du doyen. Des dessins représentent les statues qui devaient y figurer le roi et ses enfants, les Vertus, les quatre parties du monde, les dieux, les Muses, etc. Parmi ces projets, on peut citer la pittoresque représentation de l'Afrique.

38. Emblesmes sur les montres royales, inventées... par N. Du Hamel, horloger de Sa Majesté (vers 1662). — Dép. des Manuscrits.

A la dernière page de ce petit volume, orné de curieuses enluminures, le portrait du jeune roi est placé au haut d'un collier réunissant les armoiries des seigneurs promus chevaliers de l'Ordre du Saint-Esprit en 1661.

39. Les Confesseurs des roys de France, depuis sainct Louis jusques à Louis XIV, en l'an MDCLXXIV, par le P. C. Du Molinet. — Dép. des Manuscrits.

Ce volume contient les portraits des rois, d'après les originaux, et, entre autres, celui de Louis XIV à trente-six ans.

40. Lettre de Hugues de Lionne à Louis XIV (Décembre 1661). Autographe, avec réponse du roi. — Bibl. de M. Louis Barthou.

Le diplomate, lors de sa mission en Allemagne, insiste sur les relations de Guillaume Égon de Furstenberg et de la duchesse de Nemours.

41. Lettre de J.-B. Colbert à son fils, le marquis de Seignelay. (Saint-Germain-en-Laye, 10 avril 1673). Autographe. — Dép. des Manuscrits.

Le ministre donne ses ordres pour le séjour du jeune homme à La Rochelle et reproche à son fils sa négligente insouciance.

42. Mémoire adressé à Colbert par Seignelay (Marseille, 18 octobre 1676). Autographe. — Dép. des Manuscrits.

Ce rapport présente quelques annotations du ministre ; son fils y donne aussi des détails sur la « ridicule » affaire de l'intendant de la marine, Pierre Arnoul, avec l'intrigante Françoise de Rafellis de Rus.

43-44. Affaire des poisons. Deux documents originaux. — Bibl. de de l'Arsenal.

La première pièce est une recette de poison de la Marquise de Brinvilliers dissimulée sous le titre de « recepte pour les yeux » et contresignée par elle, au procès, de son nom de jeune fille *d'Aubray*, et par le greffier. Le deuxième document est le procès-verbal de torture d'un complice de la Brinvilliers, Jean Maillard, condamné la veille à mort par la chambre de l'Arsenal (12 février 1682). — L'esprit des contemporains fut vivement frappé par l'affaire de la Brinvilliers, prélude de l'Affaire des poisons. Marie-Madeleine-Marguerite d'Aubray, marquise de Brinvilliers, avait résolu, avec l'aide de son amant Sainte-Croix, d'empoisonner tous les membres de sa famille pour recueillir leur héritage. Déjà, le père et les deux frères de la Brinvilliers avaient été empoisonnés, quand la mort subite de Sainte-Croix, en 1672, amena la découverte de l'affaire. La marquise put s'enfuir; elle ne fut arrêtée, condamnée et exécutée qu'en 1676.

45-46. Registres des entrées et des sorties de la Bastille, écrits par du Junca, lieutenant du Roi de la Bastille (1690-1705). 2 vol. manuscrits. — Bibl. de l'Arsenal.

1° « L'Estat des prisonniés qui sont envoiés par l'ordre du Roy à la Bastille ». Le registre est ouvert au folio 37 verso, où est enregistré l'acte d'écrou du Masque de fer. « Du judy, 18e de septembre [1698], à trois heures apres midy... »

2° « L'Estat des prisonniés qui sortes de la Bastille ». Le registre est ouvert au folio 80 verso, où se trouve la mention de la mort du Masque de fer. « Du mesme jour, lundy 19e de novembre 1703. Le prisonnier inconnu, toujours masqué d'un masque de velours noir... s'étant trouvé hier un peu mal en sortant de la messe, il est mort se jourdhuy sur les dix heures du soir... »

47. Registre matricule des galères de Toulon (13 décembre 1700-20 mars 1703). — Société d'histoire du protestantisme français.

Ce recueil constitue tout ce qui a été conservé du registre

matricule, détruit au XIXe siècle. Les galériens y sont mentionnés à leur rang d'arrivée, avec leur état-civil, le motif et la durée de leur peine. Ultérieurement, on a signalé dans la marge de gauche la date de leur mort ou de leur libération. Au milieu de nombreux condamnés de droit commun, on lit les noms de quelques protestants.

48. Livre des cartes particulières de la province de Bretagne et des choses les plus remarquables qui s'y rencontrent (1669). Manuscrit. — Service hydrographique de la Marine.

Vue d'une séance des États de Bretagne, dessin original.

LES PREMIÈRES GUERRES DU RÈGNE

49. Note de François-Michel Le Tellier, marquis de Louvois, sur une lettre de Colbert (29 décembre 1662). Autographe. — Dép. des Manuscrits (coll. des Mélanges Colbert).

Le ministre y précise le détail de mouvements de troupes sur les frontières.

50. Le Maréchal de camp, par M. de Lostelneau (1643-1647). — Dép. des Manuscrits.

Ce traité est illustré de nombreux dessins à la plume, représentant les différentes positions de l'exercice du mousquet et de la pique.

51. Les Oracles de la Sibille françoyse par les nombres mistérieux des Pythagoriciens sur les heureux succès de Sa Majesté, par N. Guillin (1679). — Dép. des Manuscrits.

Dans cette miniature allégorique, la « Sibille » montre à quatre femmes, représentant les parties du monde, les chiffres secrets inscrits sur un temple antique, dominé par deux figures ailées, soutenant le médaillon du roi.

52. **L'Art de jetter les bombes et de connoistre l'étendue des coups de volée d'un canon...** par François Blondel, sieur des Croisettes, maréchal de camp et maistre de mathématique de Monseigneur le Dauphin (1683). — Dép. des Manuscrits.

Cet ouvrage, dû au célèbre architecte de la porte Saint-Denis et transcrit par le copiste Dephainx, présente des dessins géométriques et des représentations de mortiers et de bombardes.

53. **Cartes des marches et mouvemens et plans de tous les postes occupéz par l'armée du Roy... pendant la campagne de l'an MDCLXXV contre les armées confédérées d'Espagne, de Hollande et de Lunebourg.** — Dép. des Manuscrits.

Ce manuscrit est le premier de la série des volumes dits *Campagnes de Louis XIV*. Ces recueils, d'une exécution soignée, contiennent le texte des ordres de marche, calligraphié peut-être par un élève de Jarry, Charles Gilbert. Ils sont décorés de peintures à pleine page et de petites miniatures d'encadrement, illustrant les plans, ainsi que de compositions et titres symboliques, de portraits du roi et de représentations des grandes batailles. Ces peintures sont l'œuvre de Jean Cotelle, F. Bedau, Jean Petitot, Sylvain Bonnet. Pour le premier volume, il faut signaler l'ornementation du titre, qui représente le triomphe de la France et du coq gaulois.

54. **Campagne du Roy pendant l'année MDCLXXVI.** — Dép. des Manuscrits.

Le portrait de Louis XIV en empereur romain devant sa tente n'est pas signé. Il semble d'une facture analogue à celle d'une représentation équestre du même souverain, qui est généralement attribuée à Petitot.

55. **Campagne du Roy pendant l'année MDCLXXVII.** — Dép. des Manuscrits.

La peinture exposée, représentant la bataille de Cassel, a été exécutée par Bonnet, qui l'a signée.

56. Campagne du Roy pendant l'année MDCLXXVIII. — Dép. des Manuscrits.

Le frontispice, dû à Bedau, figure la France, armée en guerre et triomphant de ses ennemis.

57. Lettre d'Henri de la Tour-d'Auvergne, maréchal de Turenne, au duc d'Épernon, Bernard de Nogaret. (Près du Quesnoy, 20 juillet 1656.) Autographe. — Dép. des Manuscrits.

Turenne signale des difficultés qui se sont élevées à l'armée, pour le mot, entre le major de la garde et le sergent de bataille.

58. Lettre d'Abraham Duquesne à Colbert (A bord du « Soleil », en face de l'île Formentera, 22 juin 1663). Autographe. — Dép. des Manuscrits (coll. des Mélanges Colbert).

L'illustre marin propose au ministre des récompenses pour les officiers qui se sont récemment distingués.

59. Lettre de Louis de Bourbon, prince de Condé, à la marquise d'Huxelles, Marie de Bailleul (Paris, 9 décembre 1675). Autographe. — Dép. des Manuscrits.

Le prince prévient sa correspondante qu'il est intervenu en faveur de son fils Nicolas, le futur maréchal de France.

60. Extrait des titres produits par Vauban pour les preuves de sa noblesse (27 janvier 1705). — Bibl. le Peletier de Rosanbo.

Cahier de parchemin calligraphié, avec armoiries peintes.

61. Oisivetés de M. de Vauban, ou Ramas de plusieurs mémoires de sa façon sur différents sujets. Manuscrit original, tome II. — Dép. des Manuscrits.

Ce manuscrit, d'une calligraphie soignée, renferme quelques dessins à la plume, représentant Le Havre, un navire, un fort, un combat maritime, des culs-de-lampe, des lettres ornées et une carte de l'élection de Vézelay, dans laquelle Vauban est né.

62. Recueil des plans des places de Picardie, Champagne et Trois Eveschéz, avec les païsages des environs... Les ouvrages marqués de jaune sont ceux ausquels on travaille la présente année 1678. Manuscrit. — Service hydrographique de la Marine.

La page exposée représente la « Veuē de Verdun, du costé de la hauteur de l'Hermitage ». Verdun l'un des trois Evêchés, fut rattaché à la France par les traités de Westphalie (1648).

63. Recueil de plans des places fortes de Champagne, Luxembourg et Alsace, selon l'ordre dans lequel la plus grande partie d'icelles sont situées sur et au long des rivières de Meuse et du Rhin. Manuscrit. — Service hydrographique de la Marine.

Frontispice aux armes de Colbert, représentant les génies de la Meuse et du Rhin se donnant la main, dessin original de F. Chauveau.

LES LETTRES, LES ARTS ET LES SCIENCES

64. Lettre de Madeleine de Scudéry à Jeanne-Anne de Bordey, dame de Chandiot (20 avril [1685]). Autographe. — Dép. des Manuscrits.

Mlle de Scudéry expose à sa correspondante sa théorie de l'amitié.

65. Clélie, histoire romaine... par M. de Scudéry. — Paris, A. Courbé, 1654-1660. 10 vol. in-8, front. et portrait gravés. — Dép. des Imprimés.

Dans cet ouvrage, publié sous le nom de son frère et dédié à Mlle de Longueville, dont le portrait gravé par Nanteuil se trouve en tête du tome Ier, Madeleine de Scudéry a peint, sous le nom des héros de la République romaine, les principaux personnages du deuxième quart du XVIIe siècle ; le monde « précieux » de son temps y paraît occupé à se poser des énigmes galantes et à dresser la carte de ce fameux pays du Tendre qui excita la verve de Boileau. Sur cette carte, le fleuve Inclination, qui arrose les villes de Nouvelle Amitié et de Tendre-sur-Inclination et reçoit les affluents de Reconnaissance et d'Estime, a dans son voisinage les villages de Complaisance, de Petits Soins, d'Assiduité, etc. ; mais si l'on s'en éloigne, vers Tiédeur, Légèretés, etc., ou Perfidie, Médisance, etc., on arrive au Lac d'Indifférence ou à la mer d'Inimitié.

66. **Alaric, ou Rome vaincue, poëme héroïque,** dédié à la sérénissime reine de Suède, par M. de Scudéry. — Paris, A. Courbé, 1654, in-fol., front., portraits et pl. gravés. — Dép. des Imprimés.

Au point de vue de la présentation, l'on peut dire d'*Alaric* ce qu'on a dit de l'autre grand poème épique de l'époque, *la Pucelle* de Chapelain (voir le nº 68) : c'est une des publications les plus luxueuses qu'ait vu paraître le milieu du siècle. Les illustrations gravées par F. Chauveau d'après ses propres compositions comptent parmi les meilleures de cet artiste, et les deux beaux portraits qui l'ornent sont dus, comme ceux de *la Pucelle*, à R. Nanteuil ; ce sont ceux de l'auteur et de la reine Christine de Suède, à laquelle l'ouvrage est dédié. Le livre figure ici pour ce dernier portrait, gravé d'après Sébastien Bourdon.

67. **Le Romant comique** [par Scarron]. — Paris, T. Quinet, 1651. In-8. — Bibl. de l'Arsenal.

Édition originale. Le frontispice, daté de 1652, présente les comédiens, héros de ce roman, sur une scène de théâtre.

68. **La Pucelle, ou la France délivrée, poëme héroïque,** par M. Chapelain. — Paris, A. Courbé, 1656. In-fol., front., portraits, fig. et pl. gravés. — Dép. des Imprimés.

La Pucelle n'est pas seulement importante dans l'histoire de la littérature du XVIIe siècle, parce que son auteur fut un des ouvriers du classicisme ; elle est aussi, dans l'histoire du livre, le type de l'édition de luxe telle qu'on l'entendait à cette époque : frontispice, vignette au titre, lettres ornées, portrait du duc de Longueville, protecteur de Chapelain, et portrait de ce dernier, — tous les deux gravés par R. Nanteuil, — enfin planches à pleines pages, gravées par Abraham Bosse d'après Cl. Vignon, rien n'a été épargné pour la perfection de l'ouvrage, où la typographie n'est pas moins soignée que l'illustration. — La planche qui orne le VIIe livre montre le frère d'Agnès Sorel faisant à deux cardinaux les honneurs d'une « galerie des batailles ». Cette galerie n'est autre que celle du château de Thorigni-sur-Vire, que Vignon avait décorée pour les Matignon en 1653 et qu'il a replacée dans la composition gravée par A. Bosse.

69. Les Coups de l'Amour et de la Fortune, tragi-comédie... [par Ph. Quinault]. — Paris, G. de Luyne, 1655. In-4. — Dép. des Imprimés.

Dédicace autographe « pour Monsieur de Corneille ». — Une des premières pièces, imitées de l'italien et de l'espagnol (celle-ci est tirée de Calderon), par lesquelles Quinault, alors âgé de vingt ans, se fit connaître comme auteur dramatique, préludant par ces tragédies aux nombreux livrets d'opéra qu'il devait écrire pour Lully à partir de 1671.

70. Tite, tragi-comédie par le sieur Magnon, historiographe de Sa Majesté très-chrétienne. — Paris, 1660. In-4. — Bibl. de l'Arsenal (coll. Rondel).

Seul exemplaire connu de cette pièce, qui traite le même sujet que *Tite et Bérénice*, de Corneille, et *Bérénice* de Racine, mais leur est de dix ans antérieure. Jean Magnon, l'un des fondateurs, avec Molière, de « l'Illustre Théâtre », est l'auteur de plusieurs tragi-comédies dans le goût de Hardy.

71. Lettre de Pierre Corneille à l'abbé Michel de Pure (Rouen, 25 août 1660). Autographe. — Dép. des Manuscrits.

Le grand tragique y annonce qu'il rédige des préfaces explicatives pour ses œuvres, où il précisera les principes d'Aristote sur le théâtre. Il y réfute aussi la condamnation du *Cid*. (Voir les n°s 1 et 2.)

72. Polyeucte martyr, tragédie [par P. Corneille]. — Paris, A. de Sommaville et A. Courbé, 1643. In-4, front. gravé. — Dép. des Imprimés.

Édition originale, parue l'année de la représentation. Elle est précédée d'un frontispice gravé, anonyme, où l'on voit Polyeucte en haut de chausses à crevés et toque à plume, brisant les idoles du temple de Mélitène sous les regards de Félix, dont on notera aussi le costume fantaisiste (récit de Stratonice, acte III, sc. 2).

73. **Andromède, tragédie** (par P. Corneille). — Rouen et Paris, A. Courbé, 1651. In-4, front. et pl. gravés. — Bibl. de l'Arsenal (coll. Rondel).

Rare exemplaire des planches tirées à grandes marges; d'ordinaire, le frontispice et les six planches gravés par F. Chauveau d'après les décors à machines de Torelli da Fano sont rognés au trait d'encadrement pour être pliés au format du texte. — Grand événement théâtral de l'époque, *Andromède* est avec *la Finta Pazza* (voir les nos 163-164) un exemple du goût de Mazarin pour les pièces à grand spectacle. Commandée par Corneille après l'échec de l'opéra florentin de Rossi *Orfeo* et préparée pour être jouée en 1648, sur le théâtre du Palais Cardinal, diverses circonstances firent reculer la première représentation de cette pièce jusqu'en janvier 1650, où elle fut donnée sur la scène du Petit Bourbon, avec une musique due au poète burlesque d'Assoucy.

74. **Le Théâtre de P. Corneille**, revu et corrigé par l'autheur. — Paris, T. Jolly, 1664. 2 vol. in-fol., front. et portrait gravés par G. Vallet. — Dép. des Imprimés.

Dédicace autographe de Corneille aux Jésuites, dont il avait été l'élève, au Collège de Rouen : *Patribus Societatis Jesu/colendissimis praeceptoribus suis/grati animi pignus/D. D. Petrus Corneille. /Dii majorum umbris tenuem et sine pondere terram/qui praeceptorem sancti voluere parentis/Esse loco.*

75. **Lettre de Racine à sa sœur, Marie Rivière** (16 janvier). Autographe. — Dép. des Manuscrits (don des héritiers de M. de Naurois).

Racine y fait allusion aux armoiries de sa famille.

76. **Écrin en maroquin rouge contenant les éditions originales des douze pièces de Racine** (in-12). — Dép. des Imprimés.

Ces pièces sont : *la Thébayde* (1664); *Alexandre le Grand* (1666); *Andromaque* (1668) ; *les Plaideurs* (1669) ; *Britannicus* (1670); *Bérénice* (1671) ; *Bajazet* (1672); *Mithridate* (1673); *Iphigénie* (1675); *Phèdre et Hippolyte* (1677); *Esther* (1689) ; *Athalie* (1691).

Deux de ces volumes sont ouverts à la page du titre.

77. Σοφοκλέους τραγῳδίαι. — *Parisiis, typis regiis*, 1543. In-4. — Dép. des Imprimés.

Nombreuses annotations autographes de Racine. On lit au bas de la page exposée : « Voilà le seul endroit des tragédies grecques où le chœur sort de la scène depuis qu'il y est entré. Et c'est un bel artifice du poète, parce que les dernières paroles d'Ajax estoient trop considérables pour les cacher au spectateur ».

78. **Biblia sacra vulgatae éditionis**, t. III. — Paris, A. Vitré, 1651. In-12. — Dép. des Imprimés.

Annotations autographes de Racine sur le *Livre de Job*.

79. **Quinti Horatii Flacci Poemata**, novis scholiis et argumentis ab Henrico Stephano illustrata... — (S. l., apud H. Stephanum, c. 1575). In-8. — Dép. des Imprimés.

Cet exemplaire incomplet et sans titre de l'édition d'Horace par Henri Estienne est enrichi de notes mss. de Louis Racine et porte, sur les plats de la reliure, deux portraits de Jean Racine par son fils aîné Jean-Baptiste. Ces dessins auraient servi de modèle pour le portrait de Racine peint par Santerre et pour un buste exécuté à la fin du XVIIe siècle.

80. **Testament de Jean Racine** (10 octobre 1698). Autographe. — Dép. des Manuscrits.

Le poète ordonne que « son corps soit porté à Port-Royal des Champs, dans le cimetière aux piéz de la fosse de Mr Hamon », bien qu'il se considère comme indigne de cet honneur par le scandale de sa vie et le peu d'usage qu'il a fait de l'excellente éducation, reçue en cette maison ».

81. Quittance de Molière (Paris, 28 juin 1668). Signature autographe : *Jean-Baptiste Poquelin*. — Dép. des Manuscrits.

Aucun texte écrit de la main même de Molière ne nous est parvenu. Son écriture ne nous est connue que par de rares signatures au bas de pièces comptables. Dans la quittance exposée ici, il reconnaît recevoir quatre cents livres pour « les adjustemens et les habits de la feste de Versailles », c'est-à-dire de la représentation de *Georges Dandin*, lors des fêtes données en 1668, au milieu des nouveaux jardins.

82. Les Œuvres de M. Molière. — Paris, Th. Jolly, 1666. 2 vol. in-12, front. gravés par F. Chauveau. — Bibl. de l'Arsenal (coll. Rondel).

Première édition des œuvres de Molière en recueil. Le frontispice du t. Ier représente Molière dans les rôles de Mascarille et de Sganarelle ; celui du t. II, Molière dans le rôle d'Arnolphe et Mlle de Brie dans celui d'Agnès.

83. L'École des maris, comédie de J.-B. P. Molière, représentée sur le théâtre du Palais-Royal. — Paris, Cl. Barbin, 1661. In-8, front. gravé. — Dép. des Imprimés.

Édition originale. Au frontispice, est représentée la scène 9 de l'acte II : Isabelle, feignant d'embrasser Sganarelle, donne sa main à baiser à Valère (jeu de scène qui ne sera indiqué que dans l'édition de 1682).

84. L'Imposteur, ou le Tartuffe, comédie par J.-B. P. Molière. — Paris, J. Ribou, 1669. In-12. — Dép. des Imprimés.

La première représentation du *Tartuffe* au Palais-Royal eut lieu le 5 août 1667 ; dès le 6, la pièce fut interdite et ne fut reprise et jouée régulièrement qu'à partir du 5 février 1669. On a ici l'édition originale, datée de cette année 1669 et ne contenant que la préface sans les trois placets au Roi, que donnera la 2e édition (aussi de 1669). Il existe deux tirages de cette 1re édition : l'un porte *l'Imposteur ou le Tartuffe* ; l'autre, *Tartuffe ou l'Imposteur*. On en fit aussitôt de nombreuses contrefaçons.

85. **Note d'Étienne Baluze à propos du « Tartufe » (1667).** Minute autographe, avec corrections. — Dép. des Manuscrits (coll. Baluze).

Le savant canoniste proteste contre l'excommunication encourue par les spectateurs qui assistaient aux représentations de *l'Imposteur*.

86. **Registre de La Grange** (1659-1685). Manuscrit autographe. — Archives de la Comédie-Française.

Dans ce registre, dont voici le titre exact : « Extrait des receptes et des affaires de la Comédie depuis Pacques de l'année 1659, appartenant au s^r de La Grange, l'un des comédiens du Roy », Charles Varlet de La Grange, l'élève et l'acteur préféré de Molière, releva, de 1659 à 1685, le programme de tous les spectacles donnés par la troupe de Molière, avec le chiffre de la recette et celui du *partage*. Il y nota aussi les principaux incidents qui intéressaient la Compagnie, comme la représentation des *Fâcheux* à Vaux-le-Vicomte, au cours de la fameuse fête offerte par Fouquet, l'interdiction du *Tartufe*, etc. — Le registre est ouvert au passage où est relatée la mort de Molière.

87. **Lettre de La Fontaine à sa femme au cours de son voyage en Limousin.** (A Limoges, ce 12 septembre 1663.) Autographe. — Bibl. de l'Arsenal.

« Je vous promis par le dernier ordinaire la description du chasteau de Richelieu assez légèrement pour ne vous en point mentir... Ce qui me retient, c'est le défaut de mémoire, pouvant dire la pluspart du temps que je n'ay rien veu, tant je sçais bien oublier les choses... »

88. **Achille,** tragédie de Jean de La Fontaine. Manuscrit autographe. — Dép. des Manuscrits (don de l'abbé P.-J. Thoulier d'Olivet).

Le texte de cette tragédie inachevée (La Fontaine n'en composa que les deux premiers actes) présente quelques corrections de la main de l'auteur.

89. **Fables choisies,** mises en vers par M. de La Fontaine. — Paris. C. Barbin, 1668. In-4, fig. gravées. — Dép. des Imprimés.

Édition originale contenant l'*Épitre au Dauphin*, la *Préface*, la *Vie d'Ésope* et les dix premiers livres des *Fables*, avec vignettes gravées dans le texte par F. Chauveau.

90. **Nouvelles en vers tirée** [sic] **de Bocace et de l'Arioste,** par M. de L. F. [La Fontaine]. — Paris, C. Barbin, 1665. In-12. — Dép. des Imprimés.

C'est l'édition originale des *Contes*, sous le titre de *Nouvelles* et sans illustrations. L'auteur n'y est désigné que par ses initiales.

91. **Contes et nouvelles en vers** de M. de La Fontaine. Nouvelle édition... — Amsterdam, H. Desbordes, 1685. 2 t. en 1 vol. in-12, front. et fig. gravés. — Dép. des Imprimés.

Première édition illustrée de cet ouvrage qui devait inspirer, au XVIIIe siècle, tant de dessinateurs et de peintres. Les vignettes, au nombre de 58, sont dues au célèbre peintre et graveur hollandais Romyn de Hooghe.

92. **Astrée, tragédie,** par M. de La Fontaine, représentée par l'Académie royale de musique. — Paris, impr. de C. Ballard, 1691. In-4. — Dép. des Imprimés.

Exemplaire de l'édition originale avec correction autographe de l'auteur. La pièce, tirée du célèbre roman d'Honoré d'Urfé, fut jouée le 28 novembre 1691 : la musique était de Colasse, élève et gendre de Lully.

93. **Lettre de Nicolas Boileau-Despréaux à Claude Brossette** (4 novembre 1703). Autographe. — Dép. des Manuscrits (coll. Bixio).

Le critique proteste contre les allégations du rédacteur du *Journal de Trévoux* sur l'*Historia Flagellantium* de son frère, l'abbé Jacques Boileau.

94. Œuvres diverses du sieur D*...** [Boileau-Despréaux]. — Paris, D. Thierry, 1701. 2 vol. in-4. — Dép. des Imprimés.

Exemplaire avec envoi autographe de Boileau à Claude Brossette, enrichi par ce dernier d'annotations et de corrections manuscrites, en vue des « éclaircissemens historiques » donnés par lui dans l'édition de 1716.

95. Œuvres de Nicolas Boileau-Despréaux. Nouvelle édition. — Paris, E. Billiot, 1713. 2 parties en 1 vol. in-4, portrait et pl. gravés. — Dép. des Imprimés.

Cette édition est illustrée d'un très beau portrait de l'auteur gravé par P. Drevet, d'après F. de Troy (frontispice du t. Ier) et de six planches à chacun des chants du *Lutrin*, gravées par Scotin l'aîné et Duflos, d'après Claude Gillot.

96. Lettre de Mme de La Fayette (Marie-Madeleine Pioche de La Vergne), à Mme de Sablé (Madeleine de Souvré). (Ce lundi au soir.) Autographe. — Dép. des Manuscrits (Portefeuille Vallant).

Mme de La Fayette fait allusion dans cette lettre à La Rochefoucauld, l'auteur des *Maximes*, et au fils illégitime qu'il avait eu de Mme de Longueville, Charles-Paris d'Orléans, comte de Saint-Paul.

97. Zayde, histoire espagnole, par M. de Segrais, avec un traité de l'origine des romans, par M. Huet. — Paris, C. Barbin, 1670-1671. 2 vol. in-12. — Dép. des Imprimés.

Pour se conformer à l'habitude des femmes-auteurs de ne pas signer leurs écrits, Mme de La Fayette publia, sous le nom de Segrais, ce roman, qui précède de huit ans *la Princesse de Clèves*. Segrais ajouta à l'ouvrage le *Traité de l'origine des romans*, de P.-D. Huet, évêque d'Avranches, son ami et celui de l'auteur. Le Département des Manuscrits possède un fragment de manuscrit autographe de La Rochefoucauld, montrant que celui-ci aurait eu une part dans la rédaction de l'ouvrage (voir le n° suivant).

98. Fragment de « Zayde, histoire espagnole ». Autographe de François VI de La Rochefoucauld. — Dép. des Manuscrits (Portefeuille Vallant).

On vient de voir que ce petit roman, attribué à Mme de La Fayette, parut en 1670-1671 sous le nom de Jean Regnault de Segrais, secrétaire des commandements de la Grande Mademoiselle, membre de l'Académie. Le fragment autographe, dû à La Rochefoucauld, prouve que celui-ci aurait eu une part dans la rédaction de cet ouvrage.

99. Les Maximes de La Rochefoucauld. Manuscrit autographe. — Bibl. de M. le duc de La Rochefoucauld.

Ce manuscrit contient 275 *Maximes*, écrites presque toutes de la main de l'auteur, et une copie d'une partie de ses *Mémoires*.

99 *bis*. Réflexions ou Sentences et maximes morales [par La Rochefoucauld]. — Paris, C. Barbin, 1665. In-12, front. gravé. — Dép. des Imprimés.

1re éd. parisienne des *Maximes*, testament moral de la société précieuse et testament littéraire de l'auteur. « A cette date de 1665, contemporaine des *Satires*, antérieure de deux ans à *Andromaque*, de cinq ans aux *Pensées*, les *Maximes* sont un événement considérable par leur fond et par leur forme » (Lanson).

100. Lettre de Jean de La Bruyère à Jérôme Phélypeaux de Pontchartrain (16 juillet 1695). Autographe. — Dép. des Manuscrits (coll. Clairambault).

Dans cette missive de ton familier, le moraliste plaisante avec son jeune correspondant sur divers sujets. La signature en trois mots, différente de celle des autres autographes connus, doit être signalée.

101. Les Caractères de Théophraste, traduits du grec, avec les Caractères ou mœurs du siècle [par J. de La Bruyère]. — Paris, E. Michallet, 1688. In-12. — Dép. des Imprimés.

Edition originale, imprimée en 1687 et publiée en 1688. La

même année, parurent deux autres éditions à Paris, une à Bruxelles et une à Lyon.

102. Suite des Mémoires du comté Roger de Bussy-Rabutin. Manuscrit original, t. VIII. — Dép. des Manuscrits.

Dans la dédicace à sa fille, Louise-Françoise, Bussy loue le talent de sa cousine « Mme de Savigny » (Sévigné), qui unit en ses lettres « l'agréable, le badin et le sérieux ». Ce manuscrit présente des corrections du P. D. Bouhours.

103. Lettre de Mme de Sévigné (Marie de Rabutin-Chantal) à sa fille, Françoise de Grignan (25 juin 1690). Autographe. — Dép. des Manuscrits.

La mère exprime ses regrets de ne pas avoir de nouvelles de son enfant.

104. Lettres choisies de Mme la marquise de Sévigné à Mme de Grignan, sa fille, qui contiennent beaucoup de particularités sur l'histoire de Louis XIV. — (S. l., Troyes ?) 1725. In-12.— Dép. des Imprimés.

L'un des trois exemplaires connus de cette première édition des *Lettres* de Mme de Sévigné, morte en 1696, et qui ne contient que 31 lettres ou fragments.

105. Mémoires de ma vie, par Charles Perrault. Manuscrit autographe. — Dép. des Manuscrits.

L'auteur des *Contes* y évoque son enfance et sa première éducation.

106. Histoires ou Contes du temps passé, avec des moralitez [par Charles Perrault]. — Paris, C. Barbin, 1697. In-12, front. et fig. gravés. — Dép. des Imprimés.

Un des deux exemplaires connus de l'édition originale des *Contes* de Perrault, avec vignettes gravées.

107. Registre des délibérations de l'Académie française (1672-1681). Original. — Archives de l'Académie française.

Ce registre est le plus ancien qui nous soit parvenu, les procès-verbaux des séances de 1634 à 1671 ayant disparu. Un second registre comprend les séances de 1683 à 1745, et un troisième celles de 1745 à 1793.

108. Registre de l'Académie française pour la distribution des jetons. Original. — Archives de l'Académie française.

Ce volume contient la plus ancienne liste de présence des membres de l'Académie (1673-1678). Ces listes se poursuivent dans cinq volumes successifs jusqu'en 1793.

109. Observations sur l'orthographe par les membres de l'Académie françoise (août-octobre 1673). Original. — Dép. des Manuscrits.

Ce travail, entrepris sur la proposition de l'historien François-Eudes de Mézeray, présente de nombreuses corrections et annotations de certains académiciens : Ch. Perrault, les deux abbés François et Paul Tallemant, Claude Boyer, J. Segrais, Jean Doujat, Fr.-S. Régnier-Desmarais, J.-B. Bossuet, P. Pellisson. Ces additions ne sont signées que d'initiales ; P. représentant Perrault ; Pf., Pellison ; S., Segrais ; D., Doujat ; J.-B., Bossuet, etc.

110. Le Dictionnaire de l'Académie françoise, dédié au Roy. T. Ier. — Paris, J.-B. Coignard, 1694. In-fol., front. et fig. gravés. — Dép. des Imprimés.

Le frontispice, gravé par G. Edelinck et J. Mariette, d'après J.-B. Corneille, représente le buste de Louis XIV couronné par les Muses ; la vignette de la dédicace, gravée par J. Mariette d'après J.-B. Corneille, montre les Académiciens reçus par le roi. — La première séance de l'Académie française, fondée par Richelieu, eut lieu en 1634. Les Académiciens décidèrent d'employer leurs réunions hebdomadaires à examiner leurs écrits, pour en tirer des règles et des exemples pour l'emploi de la langue, et en composer un dictionnaire de l'usage. Le plan fut dressé par

Chapelain, et le travail commença en 1639. Vaugelas fut le grand artisan de l'œuvre, poursuivie après sa mort et finalement mise au jour en 2 vol., en 1694.

111. La Devise du Roy justifiée, par le P. Ménestrier,... avec un recueil de cinq cens devises faites pour S. M. — Paris, E. Michalet, 1679. In-4, front. et fig. gravés. — Dép. des Imprimés.

La vignette en tête de la dédicace donne une curieuse représentation d'une séance de l'Académie française au Louvre, dans la salle aujourd'hui consacrée aux œuvres de Puget ; la lettre ornée est un M formé d'un sceptre, d'une main de justice et des trompettes de la Renommée, surmonté de la devise : *A l'immortalité*.

112. Premier registre des procès-verbaux de l'Académie royale de peinture et de sculpture (1648-1664). Original. — Bibl. de l'École nationale des Beaux-Arts.

L'Académie royale de peinture et de sculpture, fondée par le peintre Le Brun et M. de Charmoys, ancien secrétaire du maréchal de Schomberg, fut autorisée par un arrêt du Conseil de régence en date du 20 janvier 1648. — Le registre exposé contient les statuts et réglements de l'Académie, « la forme de faire prêter le sermant », et les procès-verbaux des séances de février 1648 à mai 1661.

113. Lettre de Nicolas Poussin à Paul Fréart de Chantelou (Rome, 1er janvier 1643). Autographe. — Dép. des Manuscrits.

Le peintre, de retour à Rome après deux ans de séjour en France, présente ses vœux de nouvel an à son protecteur, secrétaire du surintendant François Sublet de Noyers.

114. Quittance d'Eustache Le Sueur (31 décembre 1651). Original. — Dép. des Manuscrits.

Le Sueur reconnaît avoir reçu une somme de cent livres pour « le tableau de l'autel de la chapelle de la Madeleine », en l'église des Chartreux, à Paris. Il s'agit de la peinture intitulée *Jésus*

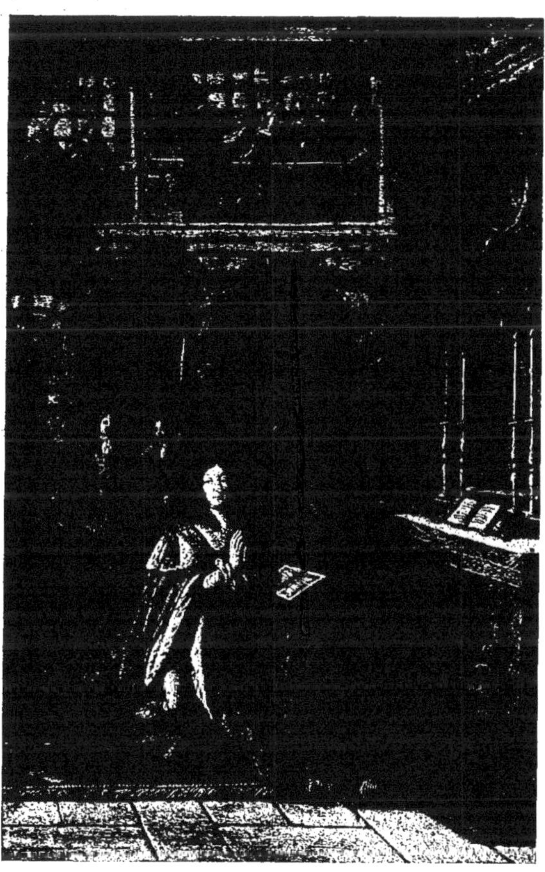

N° 125

Louis XIV en prière
Miniature des « Heures de Louis XIV » (1693).

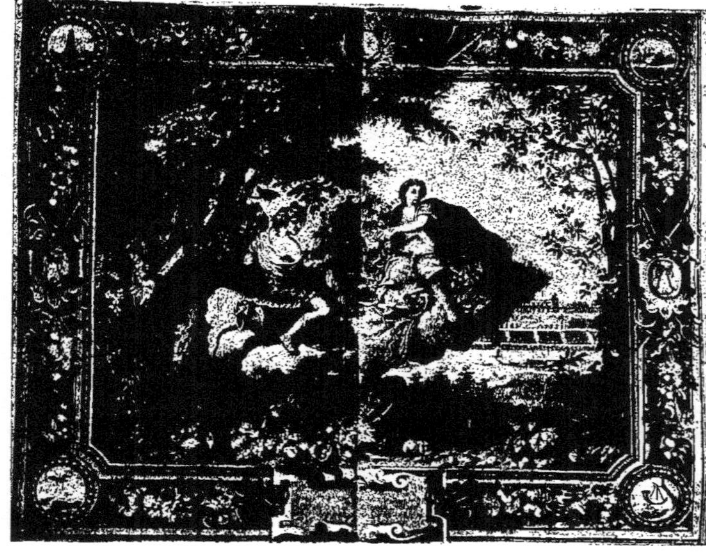

N° **134**

L'Automne, d'après Ch. Le Brun.
Peinture des « Devises des Tapisseries du Roy » (1668).

apparaît à la Madeleine sous la figure d'un jardinier, aujourd'hui au Louvre.

115. Livre d'anticques tirées d'après celles qui sont à Rome, par Le Brun (vers 1645). Original. — Dép. des Manuscrits (fonds Séguier-Coislin).

Ce recueil de dessins de Le Brun a été offert par lui au chancelier Pierre Séguier « pour tenir compagnie en sa bibliothèque à tant de rares manuscripts ». L'auteur y donne des représentations des statues de Jupiter, d'Esculape, de Cérès, des filles de Niobé, etc., et des bas-reliefs de la bataille d'Arbèles et du triomphe de Constantin.

116. Livre de comptes du peintre Hyacinthe Rigaud. Copie. — Bibl. de l'Institut.

L'un des deux volumes manuscrits, copies contemporaines du « livre de raison » où l'illustre portraitiste a noté la liste et les prix des portraits qu'il a peints de 1681 à 1743, c'est-à-dire depuis son arrivée à Paris jusqu'à sa mort. A la suite, sont énumérées les copies exécutées année par année, dans son atelier et les sommes payées aux artistes qui collaborèrent aux portraits du maître (Parrocel peignait les charges de cavalerie, les batailles ou les incendies à l'arrière-plan des portraits d'officiers ; Desportes, les paysages ; Hulliot, les fleurs ; Bailleul, les habits, etc.).

117. Lettre de Pierre Puget à Colbert (Toulon, 15 février 1663). Autographe. — Dép. des Manuscrits.

L'artiste fournit au contrôleur-général des renseignements sur ses travaux.

118. Instruction donnée au sculpteur François Girardon pour son voyage en Provence et en Italie (25 septembre 1668). Original. — Dép. des Manuscrits.

Cette instruction est signée par Charles Perrault, qui en a rédigé le texte.

119. La Diane et le Jupiter d'Arles se donnans à cognoistre aux esprits curieux, par noble François de Rebatu... — Arles, F. Mesnier, 1656. In-4, pl. gravée. — Dép. des Imprimés.

L'unique planche de ce petit livre, due à Denys Testeblanque, est fort précieuse en ce qu'elle représente la Vénus d'Arles (on croyait à l'origine qu'il s'agissait d'une Diane), telle qu'elle était quand elle fut mise au jour en 1651. Or, lorsque la statue fut offerte à Louis XIV pour Versailles et envoyée à Paris en 1684, elle subit de la part de Girardon, et sans doute par ordre du roi, de nombreuses et déplorables retouches qui en changèrent complètement le caractère. Un moulage exécuté avant le départ pour Paris et découvert à Arles en 1911, a montré, d'accord avec la gravure de Testeblanque, les différences qui existent entre l'état primitif de cet admirable antique et celui du marbre aminci et affadi par Girardon, aujourd'hui au Louvre.

120. Lettre de Jules Hardouin-Mansart à Louis XIV (Sagonne, 1er octobre 1707). Autographe. — Dép. des Manuscrits.

Cette lettre, extraite du portefeuille de l'architecte, offert à la Bibliothèque par Mme la comtesse de Gramont d'Aster, précise les réparations qui devront être faites au château de Saint-Germain-en-Laye, pour y loger la princesse d'Angleterre, Louise-Marie Stuart. Louis XIV a écrit sa réponse sur la lettre même.

121. Les Dix livres d'architecture de Vitruve, corrigez et traduits nouvellement en françois, avec des notes et des figures, par M. Perrault. — Paris, J.-B. Coignard, 1673. In-fol., front. et fig. gravés. — Dép. des Imprimés.

Première édition, luxueusement illustrée de front., vignettes et planches en partie dessinés et gravés par Sébastien Le Clerc, ami de l'auteur, Claude Perrault. On y voit un témoignage de l'admiration qu'avait l'architecte de la Colonnade pour Vitruve, considéré, avec Vignole et Palladio, comme une autorité indiscutable par les artistes du XVIIe siècle. — Le frontispice est gravé par G. Scotin et par S. Le Clerc, d'après une composition allégorique de ce dernier, au fond de laquelle on voit la Colonnade du Louvre.

122. Lettre de Robert Nanteuil à Mlle de Scudéry. Autographe. — Bibl. de la ville de Reims.

Un des quatre spécimens connus de l'écriture de R. Nanteuil (voir le nº suivant). Dans cette lettre, qui a fait partie des collections Monmerqué, A. Bovet et Morrison avant de rentrer tout récemment en France, Nanteuil fait allusion à un portrait de Mlle de Scudéry, aujourd'hui perdu ; M. Eugène Bouvy lui donne une date un peu antérieure à 1667.

123. Nanteuil, en commençant le portrait du roi, épigramme (Fontainebleau, 17 octobre 1661). — (S. l. n. d.) In-4°. — Dép. des Imprimés.

Au bas de la première page, Nanteuil a griffonné un résumé de notice autobiographique. C'est là un des quatre spécimens connus de l'écriture du célèbre peintre-graveur, les trois autres étant : le manuscrit des ***Maximes et réflexions sur la peinture et sur la gravure*** (Bibl. Marciana, à Venise) ; l'***Abrégé de quelques raisons contre l'établissement d'une maîtrise de l'art de la gravure en taille-douce, ou Très humbles remontrances à Mgr le chancelier [Séguier], protecteur des sciences et des arts*** (Bibl. de l'Institut) ; et une lettre autographe de Mlle de Scudéry (Bibl. de la ville de Reims ; voir le nº précédent).

124. Heures de Louis le Grand, faites dans l'Hostel des Invalides. 1688. — Dép. des Manuscrits.

Malgré son titre original, ce manuscrit n'est pas un livre d'heures mais un livre de messe, comprenant un recueil de prières et les offices des principales fêtes de l'année (communication de M. l'abbé Leroquais). Il est écrit avec soin par un soldat invalide, qui suit la tradition de Jarry. Les enluminures sont dues aux artistes de l'atelier de l'Hôtel, dont on ignore les noms. Un portrait du roi en prière et un riche encadrement avec enfants et fleurs pour le titre en sont les principales peintures.

Mais on y trouve, à chaque page, des sujets, généralement en camaïeu, représentant des scènes de la Bible et des épisodes de la vie de saint Louis, des chiffres royaux sur fond d'or, des fleurs de lis, des culs-de-lampe et des représentations variées de petits paysages, finement exécutées. La vue de l'Hôtel des Invalides doit être particulièrement signalée pour son exactitude.

125. Heures de Louis le Grand, faites dans l'Hostel des Invalides. 1693. — Dép. des Manuscrits.

Ce volume fait suite au précédent et présente les mêmes caractères. C'est un vespéral pour les principales fêtes (communication de M. l'abbé Leroquais). Il est encore plus richement illustré et semble d'une facture plus sûre que le précédent. Un portrait du roi, priant à genoux dans la chapelle, figure en tête de l'ouvrage. A la fin des chapitres, sont peints de riches bouquets de fleurs et des vases dorés, analogues à ceux qui ornent le *Graduel de Versailles* (voir le n° suivant).

126. Graduale et antiphonale ad usum Sancti Ludovici domus regiæ Versaliensis, pro solemnioribus totius anni festivitatibus. 1686. — Dép. des Manuscrits.

Ce graduel, exécuté pour le service de la chapelle de Versailles par les artistes de l'atelier de l'hôtel des Invalides, présente des encadrements, seize grands sujets, des culs-de-lampe (gerbes de fleurs, corbeilles de fruits) et de grandes lettres sur fond d'or.

127. Graduale et antiphonale ad usum Sancti Ludovici domus regiæ Invalidorum. 1682. — Musée de l'Armée.

Manuscrit sur parchemin, enluminé, exécuté aux Invalides par deux pensionnaires de cet établissement.

128. Officium B. Mariæ Virginis, Pii V Pont. Max. jussu editum. 1647. — Dép. des Manuscrits.

Ce livre d'heures, exécuté pour le marquis de Bade-Bade, Guillaume Ier, est orné de nombreuses miniatures, dues au peintre alsacien Frédéric Brentel, maître de Guillaume Bawr. Cet artiste exécuta les douze petites scènes du calendrier et trente petits tableaux représentant en réduction des scènes religieuses, peintes par Rubens, Jordaens, Van Dyck, Wouverman, Téniers, Breughel, Dürer. Le portrait du peintre à soixante-sept ans est placé en médaillon à la fin du volume.

129. Orationes selectæ et officia quædam particularia ad usum Quillelmi, marchionis Badensis, variis authore Frederico Brentel ornata picturis, anno MDCXLVII. — Dép. des Manuscrits.

Ce manuscrit, qui n'est que la seconde partie de l'ouvrage précédent, compte plusieurs grandes peintures : saint Ignace, saint Charles Borromée, le bienheureux Bernard de Bade, etc. Le portrait du marquis Guillaume, au pied du Christ crucifié, est la plus belle miniature du volume.

130. Les Sept offices pour la semaine à Paris (1663). — Dép. des Manuscrits.

Les huit miniatures qui ornent cet ouvrage, « escrit par N. Jarry, escrivain et notteur de la musique du Roy », sont attribuées à Louis Duguernier et à Jean Petitot. Celle qui est exposée représente *la Pietà*.

131. Office des chevaliers du Saint-Esprit (s. d.). — Dép. des Manuscrits.

Cet ouvrage, écrit par Jarry, présente à toutes les pages l'encadrement d'or qu'employait fréquemment ce calligraphe dans ses productions.

132. Liber Psalmorum (fin du XVIIe siècle). — Dép. des Manuscrits.

Ce manuscrit a été écrit par le copiste Rousselet, fort célèbre de son vivant et rival des meilleurs calligraphes : N. Jarry, Ch. Gilbert, Ét. Damoiselet.

133. Le Psautier de Jésus, contenant de très dévotes prières et pétitions (1641). — Dép. des Manuscrits.

Cet ouvrage, exécuté à Paris pour la duchesse Nicole de Lorraine par le calligraphe Jarry et le miniaturiste Aumont, contient seize enluminures figurant des scènes bibliques. Au feuillet exposé, se voit *Daniel dans la fosse aux lions*.

134. Devises pour les tapisseries du roy où sont représentez les quatre élémens et les quatre saisons de l'année (1668). — Dép. des Manuscrits.

Les poésies qui commentent les devises sont dues à Ch. Perrault, Fr. Charpentier, J. Chapelain et l'abbé Jean Cassagnes. Les frontispices et les vignettes symboliques des emblèmes sont du miniaturiste Jacques Bailly. Les grandes peintures représentent les tapisseries de Ch. Le Brun. Dans le tableau de *l'Automne*, devant une vue du château et des parterres de Saint-Germain, au-dessus de la Seine, Bacchus et Diane soutiennent un médaillon, où l'on voit des chasseurs à cheval. Les quatre emblèmes qui sont tracés sur l'encadrement sont : la grenade entr'ouverte, la vigne de Virginie, le cor et le faucon.

135. L'Arcade, favola boschereccia di Pier-Gio. Balestieri, nobile Parmegiano, dedicata al massimo delli eroi, Luigi decimo quarto, re di Francia (seconde moitié du XVIIe siècle). — Dép. des Manuscrits.

Ce manuscrit d'une fantaisie bucolique en cinq actes, calligraphié avec soin, offre, au début de chacun de ces actes, une miniature d'un art original, représentant une des scènes de l'ouvrage.

136. L'Énéide, de Virgile, traduite en vers françois... — Paris, P. Moreau, 1648. In-fol. — Dép. des Imprimés.

En 1640, un maître d'écriture parisien qui s'était fait imprimeur, dessina et présenta au roi deux séries de caractères typographiques dits « d'écriture », l'un imitant la ronde, l'autre la bâtarde. L'*Énéide* est le plus remarquable spécimen des livres imprimés par Moreau à l'aide de ces caractères, à la fois malaisément lisibles et peu élégants, que l'on a essayé de remettre à la mode, à diverses reprises, au XVIIIe et au XIXe siècle.

137. Les Morales d'Épictète, de Socrate, de Plutarque et de Sénèque (traduites par Desmarets de Saint-Sorlin). — Au chasteau de Richelieu, de l'imprimerie d'Étienne Migon, 1653. In-16. — Dép. des Imprimés.

Ce petit volume fut imprimé longtemps après la mort du cardinal dans l'imprimerie clandestine installée au château de Richelieu, à l'aide de caractères typographiques très menus, dits *caractères d'argent* (voir le n° suivant).

138. Biblia sacra... — Parisiis, apud S. Martin, 1656. In-8. — Bibl. de l'Arsenal.

Bible dite *de Richelieu*, exécutée en caractères microscopiques et particulièrement nets, dits *caractères d'argent*, employés à l'imprimerie clandestine du château de Richelieu (voir le n° précédent). La vignette est de Chauveau.

139. Pièces de clavecin, composées par J.-Henry d'Anglebert, ordinaire de la musique de la Chambre du Roy... Livre Ier... — Paris, l'autheur (1689). In-4 oblong, musique gravée. — Bibl. du Conservatoire national de musique et de déclamation.

Frontispice gravé par C. Vermeulen, d'après P. Mignard, figurant les instruments de musique du temps. — J.-H. d'Anglebert est un des meilleurs clavecinistes de la deuxième moitié du XVIIe siècle ; ses œuvres révèlent l'influence de Lully.

140. Le Malade imaginaire, musique de Marc-Antoine Charpentier. Tome XVI de la collection des manuscrits autographes de M.-A. Charpentier. — Dép. des Imprimés.

Marc-Antoine Charpentier (1639-1704), musicien français de grande valeur, a plusieurs fois collaboré avec Molière ; mais rival de Lully qui avait le monopole de représenter des pièces avec musique, il fut obligé de renoncer au théâtre. *Le Malade imagi-*

naire fut donné pour la première fois le 10 février 1673, et non pas sans que des suppressions eussent été apportées dans la partie musicale, sur la demande de Lully.

141. Motets meslez de symphonie, composez par Charpentier, maître de musique en la Sainte-Chapelle de Paris. — Paris, J. Édouard, 1709. In-4 oblong, musique gravée. — Bibl. du Conservatoire national de musique et de déclamation.

Le frontispice de Desmarets, gravé par C. Roussel, représente divers instruments de musique : clavecin à deux claviers, basse de viole, tambour de basque, timbales, tambour, harpe, guitare, orgue à deux claviers, viole, violon, lyre, hautbois, flûte de Pan, serpent, trompette, cor de chasse, triangle à crotales et théorbe.

142. Thésée, tragédie [de Ph. Quinault], mise en musique par feu M. de Lully. Seconde édition, gravée par H. de Baussen. — Paris, C. Ballard, 1711. In-fol., texte, musique et pl. gravés. — Dép. des Imprimés.

Ouvrage appartenant à la grande édition des œuvres de Lully, entièrement gravée, faite par Christophe Ballard, de 1708 à 1714. Le prologue et chacun des trois actes sont précédés d'un en-tête dû à J.-V. Duplessis, à F. Roettiers et à Claude Gillot, gravés par Scotin l'aîné et L. Desplaces. — Le prologue de *Thésée* montre une entrée de ballet, gravée par Scotin l'aîné d'après Gillot.

143. Pratique de la géométrie sur le papier et sur le terrain... [par Sébastien Le Clerc]. — Paris, T. Jolly, 1669. In-12, front., fig. et pl. gravés. — Bibl. de M. R. Cantinelli.

Ce livre, qu'on appelle « la Petite géométrie de Sébastien Le Clerc », pour le différencier du *Traité de géométrie* du même (1690, in-8), contient 84 planches, y compris le frontispice et la vignette de l'épître dédicatoire. Les planches illustrant le texte ont cette particularité d'être divisées en deux parties : la figure du théorème en haut, et au-dessous, une véritable petite estampe à personnages, animaux, paysages, où S. Le Clerc se montre très apparenté à Callot, et qui est le plus spirituel des commentaires illustrés.

144. Lettre du P. M. Mersenne à Johann Hövelke, dit Hevelius (14 mars 1648). Copie. — Dép. des Manuscrits.

Ce savant mentionne l'extraordinaire invention d'un soi-disant mécanicien, qui aurait proposé, en 1648, la construction d'un aéroplane de bombardement.

145. Johannis Hevelli Selenographia, sive Lune descriptio. — Gedani, autoris sumptibus, 1647. In-fol., front., fig. et pl. gravés. — Dép. des Imprimés.

Ce splendide exemplaire, avec planches coloriées, initiales rubriquées et dédicace de l'auteur, fut envoyé de Dantzig à Louis XIV. Une des planches représente les divers pays de la Lune.

146. Les Œuvres diverses de M. de Cyrano Bergerac. — Paris, Ch. de Sercy, 1661. In-12. — Dép. des Imprimés.

La première partie de ce livre, intitulée : « Histoire comique », est le fameux récit du voyage de l'auteur dans la Lune. Il est possible que Cyrano de Bergerac se soit inspiré de l'ouvrage précédent.

147. Fleurs peintes du recueil, dit de Gaston d'Orléans. — Bibl. du Museum d'histoire naturelle.

Cette collection de fleurs finement peintes sur vélin par Daniel Rabel, Nicolas Robert et plusieurs autres artistes pour Gaston d'Orléans, d'après les modèles du jardin de ce prince à Blois, fut léguée au Roi, qui la fit continuer. Accepté en 1661 par lettres patentes, mais confisqué momentanément par Fagon, premier médecin du Roi, pour son usage personnel, le recueil n'entra au Cabinet des Estampes qu'en 1718. Il y était regardé comme le joyau des collections et montré comme tel aux visiteurs de marque. Un décret de la Convention a retiré ces albums du Cabinet des Estampes pour les verser au Museum d'histoire naturelle. Ils contiennent aujourd'hui 5.000 peintures, reliées en 104 volumes.

148. Mémoires pour servir à l'histoire naturelle des animaux [par Claude Perrault]... — Paris, Impr. royale, 1671. Gr. in-fol., front., fig., et pl. gravés. — Dép. des Imprimés.

Exemplaire de dédicace à grandes marges, rel. mar. r. aux armes de ce bel ouvrage, rédigé par Cl. Perrault, par l'Académie des sciences. Le frontispice, dû à Sébastien Le Clerc, qui est également l'auteur des lettrines et vignettes de l'ouvrage, représente Louis XIV, accompagné de Colbert et de la Cour, visitant une des salles du Jardin du Roi ; à travers les arcades, on aperçoit le Jardin des Plantes et, dans le lointain, l'Observatoire en construction.

149. Le Journal des sçavans... — Paris, J. Cosson, 1666. In-4. — Dép. des Imprimés.

A côté du journal politique, *la Gazette de France*, et de la petite feuille semi-politique et littéraire, *le Mercure galant* (voir le n° 181), le XVIIe siècle vit naître le journal scientifique et littéraire : *le Journal des sçavans*, imaginé en 1665 par Denis de Sallo, et qui se continue encore aujourd'hui. — Le journal est ouvert au compte-rendu de l'ouvrage anglais de R. Hooke, *Micrographia* : « M. Hook assure qu'ayant regardé avec le microscope une tache de moisissure qui estoit sur la couverture d'un livre, il a vu distinctement que c'estoit une touffe de fleurs, comme elle est représentée par la figure suivante ».

LA COUR ET LA VILLE

150. Lettre de la reine Marie-Thérèse à H. de Maupas, évêque du Puy (Paris, 13 février 1666). Signature autographe. — Dép. des Manuscrits.

La reine y fait allusion à la béatification de François de Sales.

151. Lettre de « Monsieur » (Philippe d'Orléans) à Colbert (Villers-Cotterets, 2 février 1670). Autographe. — Dép. des Manuscrits.

Le prince parle au ministre de sa brouille avec le roi et de la disgrâce de son favori, Philippe, chevalier de Lorraine.

152. Lettre de « Madame » (Henriette d'Angleterre) à Mme de La Fayette (Ce mardy matin). Autographe. — Dép. des Manuscrits (Portefeuille Vallant).

La princesse n'ose se rendre chez Mme de Sablé, de crainte d'y porter le rhume dont elle est atteinte.

153. Devoir du Grand Dauphin. Autographe. — Dép. des Manuscrits (coll. Bixio).

Ce devoir d'histoire est corrigé par Bossuet.

154. Version latine du duc de Bourgogne. Autographe. — Dép. des Manuscrits.

L'élève de Fénelon traduisait des œuvres de Phèdre, entre autres la fable III du livre I : *Graculus superbus et pavo.*

155. Lettre de Mme de Maintenon (Françoise d'Aubigné) à Mme Marie de Brinon (31 octobre). Autographe. — Dép. des Manuscrits (don Duviquet).

Mme de Maintenon s'y montre inquiète de la santé de sa correspondante et lui annonce l'arrivée à Saint-Cyr de nouvelles élèves.

156. Lettre de sœur Louise de La Miséricorde (Mlle de La Vallière) à Mme d'Huxelles (24 août). Autographe. — Dép. des Manuscrits (correspondance Gaignières).

Sœur Louise refuse d'intervenir entre la marquise et la supérieure des Carmélites de la rue Saint-Jacques.

157. Lettre de Mme de Montespan (Françoise-Athénaïs de Rochechouart) à Anne-Jules, duc de Noailles (s. d.). Autographe. — Dép. des Manuscrits.

Cette lettre est envoyée au duc, au sujet de l'octroi de certaines places dans la maison de la Dauphine, Marie-Anne de Bavière.

158. Œuvres diverses d'un auteur de sept ans [le duc du Maine]. — (S. l. n. d.). In-4. — Dép. des Imprimés.

Cet ouvrage, dédié à Mme de Montespan, comprend deux parties :

la première est une suite de traits de l'histoire ancienne et de maximes composés par le duc du Maine en 1677-1678; la deuxième, un recueil de lettres écrites par lui pendant les mêmes années, la plupart à Mme de Montespan. On doit la publication de ces *Œuvres diverses* à Mme de Maintenon, qui, du temps qu'elle n'était encore que Mme Scarron, fut la gouvernante des enfants de Louis XIV et de Mme de Montespan.

159. **L'Homme de Cour,** traduit de l'espagnol de Baltasar Gracian, par le sieur Amelot de La Houssaie. — Paris, Vve Martin, 1684. In-4, front. et fig. gravés. — Dép. des Imprimés.

Exemplaire à grandes marges, réglé (front. et titre remontés). — Le frontispice de P. Le Pautre représente Louis XIV en costume d'empereur romain, au milieu d'un riche décor. L'ouvrage eut de nombreuses rééditions dès le règne de Louis XIV.

160. **La Science héroïque, traitant de la noblesse, de l'origine des armes, de leurs blasons et symboles...** par Marc de Vulson, sieur de La Colombière... — Paris, S. et G. Cramoisy, 1644. In-fol., fig. gravées et coloriées. — Dép. des Imprimés.

Un des premiers ouvrages sur la science du blason, qui devait être illustré, au XVIIe siècle, par le P. Ménestrier, Géliot, Palliot, d'Hozier, etc.

161. **Les Statuts de l'Ordre du Saint-Esprit...** — Paris, Impr. royale, 1703. In-4, titre et vignettes gravés. — Dép. des Imprimés.

Exemplaire réglé, rel. mar. r. aux armes, offert par le roi au duc de Richelieu. — C'est un des livres les plus parfaits qu'ait illustrés Sébastien Le Clerc : les vignettes, lettrines et fleurons y sont admirablement associés à la typographie comme on en peut juger par la page du commencement des Statuts, dont la vignette montre les chevaliers de l'Ordre assemblés dans le chœur de l'église des Grands-Augustins de Paris; dans le fond, à droite, le roi confère l'Ordre à un chevalier. Les armes de France et de Pologne qui décorent la lettre H rappellent le souvenir d'Henri III, fondateur de l'Ordre.

162. Mémoire de Laurent Mahelot et de Michel Laurent (1633-1681). Original. — Dép. des Manuscrits.

Le titre exact de cet ouvrage est le suivant : *Mémoire de plusieurs décorations qui serve aux pièces contenus en ce présent livre, commancé* [*en 1633-1634*] *par Laurent Mahelot et continué par Michel Laurent en l'année 1673* [*jusqu'en 1681*]. — Ce recueil, rédigé par les décorateurs et machinistes de l'Hôtel de Bourgogne, est un aide-mémoire pour la mise en scène des pièces jouées sur ce théâtre. Il donne le titre de 268 pièces représentées entre 1633 et 1681, décrit le décor et quelques costumes de 192 d'entre elles et fournit, pour 47 autres, la représentation même du décor. Ces dernières sont des tragi-comédies antérieures à l'époque classique, — œuvres de Du Ryer, Mairet, Rotrou, Hardy, Scudéry, etc., — dont les décors « simultanés » dérivent directement de ceux des « mystères ». Le décor de *Pirame et Thisbé*, de Théophile de Viau, est fermé par le mur qui sépare les deux amants. On y voit aussi, à droite, un mûrier, un tombeau entouré de pyramides ; « un antre d'où sort un lion du costé de la fontaine, et un autre antre à l'autre bout du théâtre, où il rentre ».

163. Feste theatrali per la Finta Pazza, drama del sig[r] Giulio Strozzi, rappresentate nel Piccolo Borbone in Parigi quest'anno MDCXLV, et da Giacomo Torelli da Fano, inventore. — Paris, 1645. In-fol., front. et pl. gravés. — Bibl. de l'Arsenal (coll. Rondel).

Le théâtre italien apparut en France dans sa nouveauté sous la régence d'Anne d'Autriche. Dès la fin du deuil de Louis XIII, on donne au Petit Bourbon *la Finta Pazza* de G. Strozzi, dont l'édition est ornée d'un frontispice et de cinq planches gravées par N. Cochin d'après les décors de G. Torelli, venu d'Italie pour monter cette pièce à machines. Mazarin, très friand de musique et de spectacle, monta ensuite un opéra florentin, *Orfeo*, de Rossi (1647), auquel devait succéder l'*Andromède* de Corneille (voir le n° 73).

164. Balletti d'invenzione nella Finta Pazza, di Giovanbattista Balbi. — [Paris, 1645]. In-8 oblong, pl. gravées. — Bibl. d'art et d'archéologie.

Suite de douze (des dix-neuf) planches gravées par Valerio Spada, d'après les dessins de Stefano della Bella illustrant les trois ballets qui servirent d'intermèdes à l'opéra de *la Finta Pazza* : ballet des singes et des ours, ballet des autruches, ballet des Indiens et des perroquets.

165. Traicté des feux artificielz de joye et de récréation auquel est compris la manière de faire toutes sortes de fusées... le tout représenté par figures correctes du dessin de Stefano della Bella (1649). — Dép. des Manuscrits.

La première partie du manuscrit est formée de dessins à la plume, rehaussés d'aquarelle, qui représentent moules, mortiers fusées, les détails de la fabrication des artifices, des pièces montées, etc. Ils sont l'œuvre du graveur Stefano della Bella, qui résidait alors en France. Le dessin exposé est celui de la « chandelle à surprise ». Un farceur vient d'allumer l'artifice truqué. « Le feu, dit le texte explicatif, gagne la poudre et fait sortir en l'air les fusées, au grand étonnement de toute l'assemblée, comme montre la figure ». Il faut noter la vie et la grâce spirituelle de cette esquisse.

166. Décorations et machines aprestées aux Nopces de Thétis, ballet royal représenté en la salle du Petit Bourbon, par Jacques Torelli, inventeur. Dédiées à l'Eminentissime Prince-Cardinal Mazarin (1654). — Bibl. de l'Arsenal (coll. Rondel).

Album de planches gravées par Israël Silvestre, d'après Francart, avec notices par Torelli (voir le n° suivant).

167. Description particulière du grand ballet et comédie des Nopces de Pélée et de Thétis, avec les machines, changemens de scènes, habits et tout ce qui a fait admirer ces merveilleuses représentations. Dédié à Monsieur le comte de Saint-Aignan... Paris, R. Ballard, 1654. In-fol. — Bibl. de l'Institut.

Les Noces de Pélée et de Thétis, « comédie italienne en musique entremeslée d'un ballet sur le mesme sujet », œuvre de Benserade, furent données pour la première fois le 26 janvier 1654, à la Cour, avec un grand succès. — Après une dédicace, un avant-propos et une ode en italien, vient une suite de figures rapportées sur le vélin de l'album et présentant en couleurs les costumes de tous les danseurs et figurants de ce ballet, où le roi parut avec les principaux seigneurs de la Cour.

168. **Courses de testes et de bagues faittes par le roy et par les princes et seigneurs de sa Cour en l'année MDCLXII...** [par Ch. Perrault et Fléchier]. — Paris, S. Mabre-Cramoisy, 1670. In-fol., front. et pl. gravés. — Bibl. de Versailles.

Exemplaire du roi, dont les planches ont été enluminées par le célèbre miniaturiste Jacques Bailly. — Le Carrousel de 1662, l'une des plus belles et des plus fastueuses fêtes du début du règne de Louis XIV, fut donné à l'occasion de la naissance du Dauphin, dans le « jardin de Mademoiselle », aux Tuileries (la place du Carrousel en a gardé le nom). Après avoir défilé dans Paris, cinq quadrilles magnifiquement costumées et harnachées, — la quadrille des Romains, commandée par le roi, celle des Persans par Monsieur, celle des Turcs par le prince de Condé, celle des Américains par le duc de Guise et celle des Indiens par le duc d'Enghien, — prirent part pendant trois jours à des courses de têtes et de bagues. Le roi voulant perpétuer le souvenir de ces fêtes, Colbert fit exécuter un recueil de planches gravées, — l'un des plus beaux livres illustrés que nous ait laissés le XVIIe siècle, — avec texte en français par Charles Perrault et en latin par Fléchier, lequel parut en 1670. F. Chauveau et Israël Silvestre, avec la collaboration de Rousselet pour le frontispice et de Le Pautre pour les cartouches, représentèrent les cavalcades et les diverses courses de la fête. Le Cabinet des Estampes possède un autre exemplaire aquarellé de cet ouvrage.

169. **Relation de la feste de Versailles du 18 juillet 1668** [par André Félibien]. — Paris, Imp. Royale, 1679. In-fol., pl. gravées. — Dép. des Imprimés.

Cet ouvrage est une des grandes publications ornées de figures et de planches gravées par Israël Silvestre, Le Pautre, Séb. Le Clerc, etc., qui parurent sur l'ordre du roi pour commémorer les plus belles fêtes de Versailles. *Les Plaisirs de l'isle enchantée* pour les fêtes de 1664 (paru en 1673), et les *Divertissemens de Versailles*, donnés au retour de la conquête de la Franche-Comté en 1674 (paru en 1676), appartiennent à la même série. Le Département des Estampes expose deux pièces de la suite des *Divertissements de Versailles* (voir nos 1159 et 1160).

170. Carrousel des galans Maures de Grenade entrepris par Monseigneur le Dauphin à Versailles. — (S. l., 1685). Gr. in-folio. — Bibl. d'art et d'archéologie.

Suite de vingt-huit planches gravées au trait par Berain, puis coloriées à l'aquarelle, reproduisant les costumes des personnages de la Cour qui prirent part au Carrousel exécuté les 4 et 5 juin 1685 à Versailles. Le sujet était le combat des Abencérages et des Zégris, épisode des guerres civiles de Grenade. Le Dauphin commandait la quadrille des Abencérages et le duc de Bourbon, petit-fils du Grand Condé, était chef des Zégris. Un livret intitulé : *la Brillante journée ou le Carrousel des galans Maures*, par Donneau de Vizé, était vendu à l'entrée.

171. Description des réjouissances faites dans la ville de Rennes pour la naissance de Mgr. Louis de France, duc de Bretagne, arrière-petit-fils de Louis le Grand, et de la cérémonie de ses funérailles, avec le cérémoniai du couronnement des ducs de cette province (1705). Manuscrit. — Service hydrographique de la Marine.

Au frontispice de ce manuscrit, se détachent, sur un fond d'or, les diverses scènes des réjouissances, « le repas, le feu de bois, le bal, la piramide... », ainsi que la vue des principaux édifices de Rennes.

172. Vues du Château de Versailles. — (S. l., 1672-1682). Gr. in-fol. — Dép. des Imprimés.

Recueil de grandes planches d'Israël Silvestre, J. Edelinck, F. Chauveau et Le Pautre, représentant les divers aspects du châ-

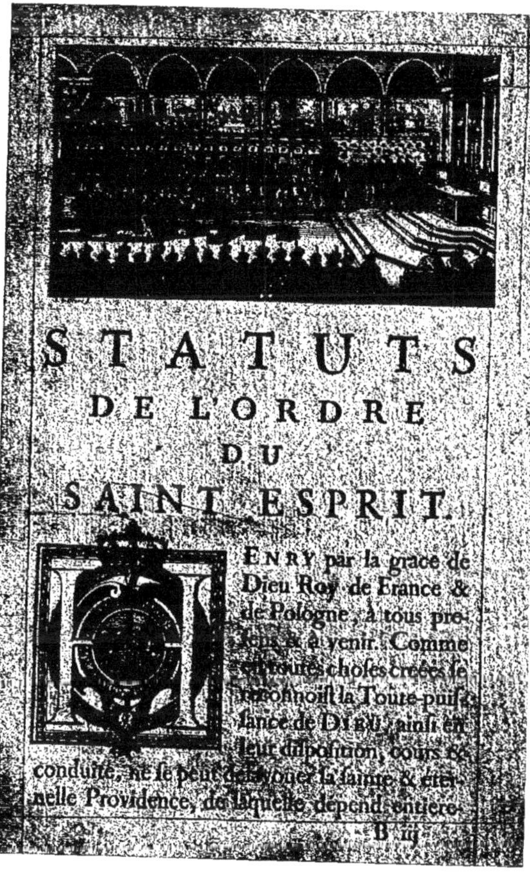

STATUTS
DE L'ORDRE
DU
SAINT ESPRIT.

HENRY par la grace de Dieu Roy de France & de Pologne, à tous presens & à venir. Comme en toutes choses créées se reconnoist la Toute-puissance de DIEU; ainsi en leur disposition, cours & conduite, ne se peut desavouer la sainte & eternelle Providence, de laquelle depend entiere-

B iij

N° 161

LE ROI CONFÉRANT L'ORDRE DU SAINT-ESPRIT
Vignette de Sébastien Le Clerc
pour les « Statuts de l'Ordre du Saint-Esprit » (1703).

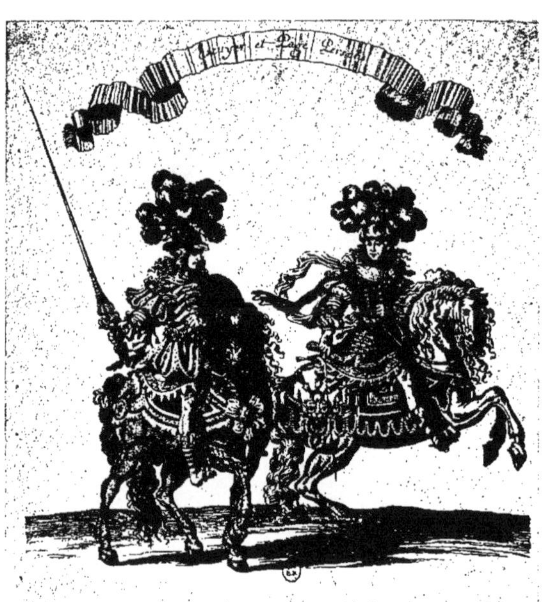

ESCUYER ET PAGE PERSANS.

LE bonnet tant de l'Ecuyer que du Page étoit de ſatin incarnat brodé d'argent, doublé d'hermine, & couvert de plumes blanches & incarnates.

La veſte de l'Ecuyer étoit incarnate brodée d'argent, doublée d'hermine.

La ſoûveſte & les manches de deſſus étoient d'argent brodé d'or.

Le caparaçon étoit de ſatin incarnat bandé de ſatin blanc brodé d'argent, & bordé d'hermine, les ornemens d'Orféverie étoient d'or.

L'habillement du Page étoit ſemblable pour les étoffes, & pour les couleurs.

Ee

N° 168

VIGNETTE DE FRANÇOIS CHAUVEAU
pour les « Courses de Têtes et de Bagues » (1670).

teau de Versailles et de ses jardins, le détail des fontaines, des statues et des vases. La section des Cartes et Plans expose deux autres planches de la série des *Maisons royales* en épreuves coloriées (voir les nos 332 et 337).

173. Le Labyrinthe de Versailles. — Paris, Imp. royale, 1677, in-8 ; front. et pl. gravés. — Dép. des Imprimés (legs Salomon de Rothschild).

Exemplaire à grandes marges. — Le Labyrinthe était un bosquet, situé au sud du bassin de Latone actuel et dessiné par Le Nôtre ; à chaque détour, se trouvait une fontaine représentant au naturel une fable d'Ésope, dont une inscription en vers de Benserade expliquait le sujet. La description, illustrée par Sébastien Le Clerc, comprend un titre au-dessus duquel est le plan du Labyrinthe, avec l'emplacement de chaque fontaine désigné par un chiffre et le tracé du chemin à suivre pour voir les 40 fontaines sans s'égarer, et 40 planches représentant l'entrée du Labyrinthe et les fontaines.

174. Représentation des machines qui ont servi à eslever les deux grandes pierres qui couvrent le fronton de la principale entrée du Louvre, dessiné et gravé par Sébastien Le Clerc, 1677. — Dép. des Imprimés.

Cette grande page, insérée dans le recueil des *Maisons royales*, est considérée comme un des chefs-d'œuvre de S. Le Clerc, tant pour la richesse de sa composition que pour la beauté de la gravure. Les deux pierres qui couronnent le fronton de la Colonnade, tirées d'une carrière de Meudon, « pesoient chacune plus de 80 milliers », dit Jombert ; elles avaient 52 pieds de long sur 8 de large, et leur épaisseur n'était que de 18 pouces. « La difficulté de les élever à une si grande hauteur étoit moins par rapport à leur pesanteur qu'à cause de leur figure mince et plate, qui les rendoit faciles à se rompre, si elles n'avoient pas été soutenues également dans toute leur longueur. »

175. Histoire du roy Louis le Grand par les médailles, emblèmes, devises... par le P. Claude-François Ménestrier... — Paris, T.-B. Nolin, 1689. In-fol., front. et pl. gravés. — Dép. des Imprimés.

Le maréchal de La Feuillade, voulant témoigner sa gratitude et son admiration à Louis XIV, fit démolir une partie de l'hôtel de la Ferté-Senecterre qu'il avait acheté, pour créer une place dédié au roi. La Ville prit une partie des dépenses à sa charge. Mansart fut chargé de la construction. Le maréchal de La Feuillade donna la statue de Louis XIV, de Desjardins, fondue par les frères Keller et élevée au centre de la place. Quatre groupes de trois colonnes, ornées de médaillons commémoratifs et surmontées de fanaux, complétaient la décoration, comme on peut le voir par une planche de l'ouvrage du P. Ménestrier, gravée par Guérard avec ce titre : « Veüe de la place des Victoires où M. le mareschal duc de La Feüillade a dressé un monument public à la gloire de Louis le Grand, de la statue de ce Monarque couronné par la Victoire, accompagnée de trophés, de médailles, de bas-reliefs et d'inscriptions sur les actions glorieuses de sa vie et de son règne, le 28 mars 1686 ».

176. Décoration de la cour de l'Hôtel-de-Ville de Paris pour l'érection de la statue du Roy [par le P. Cl.-Fr. Ménestrier]. — Paris, N. et C. Caillou, 1689. In-4. — Dép. des Imprimés.

Bien des années après la Fronde, lorsque Louis XIV scella sa réconciliation avec la Ville de Paris en assistant à un banquet donné en son honneur à l'Hôtel-de-Ville le 30 janvier 1687, il vit dans la cour la statue de marbre, œuvre de Gilles Guérin, érigée en 1654, où il était représenté, jeune et vêtu à la romaine, foulant aux pieds le Parisien rebelle : « Otez cette figure, dit-il, elle n'est plus de saison ». La nuit même, les échevins firent disparaître la statue (aujourd'hui à Chantilly) et en commandèrent ensuite une autre — de bronze, celle-ci, — à Coysevox. Inaugurée le 14 juillet 1689, déboulonnée sous la Révolution, remisée au dépôt du Roule, elle échappa à la fonte et, après bien des vicissitudes, elle fut envoyée au Musée Carnavalet, où elle décore la cour d'honneur. P. Le Pautre, qui lui a consacré une grande estampe, l'a aussi représentée dans le fleuron du titre de l'ouvrage ci-dessus décrit.

177. Description de l'église royale des Invalides [par J.-F. Félibien]. — Paris, imp. de J. Quillau, 1706. In-fol., front., fig. et encadrements gravés. — Dép. des Imprimés.

Luxueux exemplaire de présent dont toutes les pages, à la différence des exemplaires ordinaires, sont ornées d'encadrements gravés. Les chapitres s'ouvrent par une vignette gravée et tous les culs-de-lampe et lettrines reproduisent des ensembles et des détails de l'église des Invalides : peintures, sculptures, autels, etc. La première pierre de l'Hôtel des Invalides avait été posée en 1670 ; Mansart, qui continua et termina la construction d'après les plans de Bruant, y ajouta la seconde église, dite le Dôme des Invalides, commencée en 1675 et achevée seulement en 1735.

178. Jeux historiques des rois de France, reines renommées, géographie et métamorphose, par feu M. J. Desmarets... et gravés par de La Bella. — Paris, H. Legras, 1698. 4 vol. in-12, pl. gravées. — Dép. des Imprimés.

L'édition originale de cet ouvrage servit à l'éducation de Louis XIV. Dans l'épitre à la reine régente, datée du 10 janvier 1645, Desmarets de Saint Sorlin écrivait : « J'inventai le jeu de l'histoire de France avec un tel ordre que, mettant d'un côté les rois illustres et les bons, et de l'autre. les fainéants et les mauvais, avec avantage pour les premiers et désavantage pour les autres, je me promis qu'un jeune prince en passant le temps à ce jeu, imprimeroit en son âme un extrême désir d'imiter les uns et une grande horreur pour les défauts des autres ». — Sur l'une des planches, « Anne d'Autriche, reyne de France, saincte, sage, d'une bonté merveilleuse et d'une modestie pareille à sa grandeur », est représentée sur un char à deux roues, assise entre ses deux enfants, Louis XIV et Philippe d'Orléans.

179. Essai d'analyse sur les jeux de hazard, par M. de Montmort. — Paris, Quillau, 1708. In-4, fig. et pl. gravées. — Dép. des Imprimés.

Exemplaire réglé, à grandes marges, relié aux armes, de cet ouvrage illustré de sept remarquables vignettes par Sébastien Le Clerc. Celle qui ouvre la 1re partie représente une compagnie, assise autour d'une table ronde et jouant au lansquenet ; à gauche, un des joueurs qui vient de perdre, se lève en renversant son siège et jette ses cartes de dépit. Le Département des Estampes expose les épreuves tirées hors texte des quatre vignettes d'en-tête de cet ouvrage (voir nos 1186).

180. Affiche annonçant que la reine a perdu son bracelet. — (S. l., 1662). In-fol. — Dép. des Imprimés.

Le texte de cette affiche, datée du 2 février 1662, fait savoir que la reine, assistant le jour même à la procession dans le château du Louvre, a perdu un bracelet de diamants et pierreries, et ordonne à ceux qui l'auront trouvé de le rapporter à Mme de Navailles, contre récompense.

181. Le Mercure galant. — Paris, C. Barbin, 1672 et ss. In-12. — Dép. des Imprimés.

Quand Théophraste Renaudot fonda, en 1631, le premier journal politique, il obtint un privilège qui lui en assurait le monopole ; mais ce monopole faillit disparaître pendant la Fronde, certaines feuilles de polémique ayant pris le caractère de périodicité. Elles donnèrent naissance aux gazettes en vers, mises à la mode par Loret, dont la vogue dura une trentaine d'années, et qui furent remplacées, en 1672, par *le Mercure galant*, — le prototype des petits journaux mi-politiques, mi-littéraires, — créé par Donneau de Vizé. Sous divers titres et directions, *le Mercure* devait se continuer, à peu d'interruptions près, jusqu'à la Restauration.

L'ÉGLISE ET LES QUERELLES RELIGIEUSES

182. Sermon pour la Circoncision, par J.-B. Bossuet. Manuscrit autographe. — Dép. des Manuscrits.

Ce texte présente des corrections, qui permettent de se rendre compte de la méthode de travail de Bossuet.

183. Les Elévations à Dieu sur tous les mystères, par J.-B. Bossuet. Manuscrit autographe. — Dép. des Manuscrits.

Les seconde et troisième élévations, consacrées à l'idée de Dieu, ont été particulièrement modifiées par l'auteur.

184. Oraison funèbre d'Henriette-Anne d'Angleterre, duchesse d'Orléans, prononcée à Saint-Denis, le 21e jour d'aoust 1670, par Messire Jacques-Bénigne Bossuet. — Paris, S. Mabre-Cramoisy, 1670. In-4, front. gravé. — Dép. des Imprimés.

L'exemplaire est ouvert au passage célèbre : « Madame se meurt, Madame est morte... » Le Cabinet des Estampes expose une gravure représentant la pompe funèbre d'Henriette d'Angleterre à Saint-Denis, gravée par Le Pautre d'après Gissey (voir le no 1158).

185. Oraison funèbre de... Louis de Bourbon, prince de Condé... prononcée dans l'église Nostre-Dame de Paris, le 10e jour de mars 1687, par Messire Jacques-Bénigne Bossuet. — Paris, S. Mabre-Cramoisy, 1687. In-4, front. gravé. — Dép. des Imprimés.

Cet exemplaire porte une reliure en maroquin noir aux armes de Bossuet, semblable à celle qui est décrite au chapitre des reliures sous le no 263.

186. Explication des Maximes des Saints sur la vie intérieure, par messire François de Salignac-Fénelon, archevêque de Cambray. — Paris, P. Aubouin, 1697. In-12. — Dép. des Manuscrits.

Les corrections autographes, faites par Fénelon sur les conseils de son fidèle ami, Paul, duc de Beauvilliers, sont significatives des atténuations apportées à l'expression de la pensée de l'auteur.

187. Les Aventures de Télémaque, par Fénelon. Manuscrit autographe. — Dép. des Manuscrits.

En tête du manuscrit, se trouve un portrait de l'auteur ; à la fin du volume, a été relié le manuscrit autographe de l'*Examen de conscience pour un Roy*, adressé au duc de Bourgogne.

188. Suite du quatrième livre de l'« Odyssée » d'Homère, ou les Avantures de Télémaque, fils d'Ulysse [par Fénelon]. — Paris, Vve de C. Barbin, 1699. In-12. — Dép. des Imprimés.

Première édition, sans nom d'auteur, interrompue après l'impression du privilège et des 208 premières pages. — Fénelon lui-même a déclaré que le *Télémaque*, écrit pour instruire en l'amusant le duc de Bourgogne, n'aurait pas été livré au public sans l'indiscrétion d'un copiste. Le premier livre parut en avril 1699 et, malgré l'intervention de Fénelon auprès du chancelier, l'ouvrage se répandit rapidement (la B. N. possède quatre tirages différents de l'édition de 1699) et la suite continua de paraître. La première édition complète et avouée, « conforme au manuscrit original », ne parut qu'en 1717 par les soins du marquis de de Fénelon.

189. Lettre du P. Louis Bourdaloue à Roger de Gaignières (Samedi, 7 décembre). Autographe. — Dép. des Manuscrits (coll. Gaignières).

Le Père remercie son correspondant d'un envoi d'ouvrage.

190. Déclaration du Clergé de France [dite des quatre articles] **sur la puissance ecclésiastique** (19 mars 1682). Original avec les signatures autographes. — Bibl. Mazarine.

Par cette déclaration, l'assemblée extraordinaire du clergé réunie par ordre de Louis XIV proclame les sentiments de l'Eglise de France sur les doctrines ultramontaines. Soixante-huit prélats l'ont signée. L'acte est ouvert aux pages revêtues des signatures.

On y lit notamment à gauche : *Jacobus Benignus ep. Meldensis* [Bossuet]. Il existe un autre exemplaire aux Archives Nationales.

191. Correspondance des supérieurs et directeurs de la Compagnie du Saint-Sacrement de Paris avec leurs confrères de Marseille (1639-1660). Manuscrit original. — Dép. des Manuscrits.

A la fin de ce recueil, se trouvent les formules imprimées, où les directeurs annonçaient la mort récente des confrères. Sur la circulaire exposée, une note manuscrite prescrit aux membres de la Compagnie d'adresser des mémoires sur « les entreprises des religionnaires » en leurs provinces.

192. Lettre de la mère Angélique Arnauld à Mme de Sablé (Du dernier octobre). Autographe. — Dép. des Manuscrits.

La mère Angélique exhorte son amie et expose les caractères de sa méthode d'édification. On sait que Mme de Sablé, après avoir fait, sur les conseils d'Arnauld et de ses sœurs, plusieurs retraites à Port-Royal à partir de 1652, alla s'installer en 1655 dans une aile du couvent qu'elle avait fait construire près du chœur de l'église ; elle y demeura jusqu'à la fermeture de Port-Royal en 1661.

193. Lettre de Mme de Longueville (Anne-Geneviève de Bourbon) à Mme de Sablé (Méru, ce 30 novembre). Autographe. — Dép. des Manuscrits.

La duchesse donne à son amie, éternelle malade, des renseignements sur un médecin de son frère, Armand, prince de Conti.

194. Avis aux sœurs de Port-Royal sur les effets de leur appel des violences de M. l'archevêque de Paris contre elles, par Antoine Arnauld (20 septembre 1661). Autographe. — Dép. des Manuscrits.

Cette note insiste sur la conduite que doivent suivre les religieuses devant l'attitude du nouvel archevêque de Paris, Hardouin de Beaumont de Péréfixe, qui recommence la persécution de Port-Royal.

195. Première [dix-huitième] lettre escritte par l'auteur des « Lettres au Provincial » au R. P. Annat Jésuite » [par Pascal]. — (S. l. n. d.). In-4. — Dép. des Imprimés.

Les Provinciales, imprimées clandestinement, à Paris, en 1656-1657, parurent d'abord en plaquettes de 8 à 12 pages in-4° que l'on se communiquait sous le manteau. Dans la dix-septième, datée du 23 janvier 1657, Pascal fait allusion à la mauvaise typographie de ces brochures ; on lit, en effet, à la fin : « Mon R. P., si vous avez peine à lire cette lettre, pour n'estre pas en assez beau caractère, ne vous prenez qu'à vous même. On ne me donne pas des privilèges comme à vous... C'est un trop grand embaras d'estre réduit à l'impression d'Osnabruk ».

196. Les Provinciales, ou les Lettres escrites par Louis de Montalte à un Provincial de ses amis et aux RR. PP. Jésuites, sur le sujet de la morale et de la politique de ces Pères [par Pascal]. — Cologne, P. de La Vallée, 1657. In-12. — Dép. des Imprimés.

Première édition globale des *Provinciales*, publiée, non pas comme le titre l'indique, à Cologne, chez Pierre de La Vallée, mais à Amsterdam, chez Louis et Daniel Elzevier, par les soins de Nicole. Cette édition originale se distingue d'une seconde, parue la même année, soi-disant chez le même Pierre de La Vallée, en ce qu'elle porte dans le texte de la première page : *Faculté de Paris*, au lieu que la seconde porte : *Faculté de Théologie de Paris*.

197. Édit de révocation de l'édit de Nantes. (Fontainebleau, octobre 1685). Original. — Archives Nationales.

Cet édit fut rédigé par le marquis de Châteauneuf et signé par le roi le 17 octobre 1685. Il porte la signature du roi : *Louis*, le contreseing de Seignelay : *Par le Roy, Colbert*, le visa du chancelier Le Tellier, la mention des deux enregistrements au Parlement et le grand sceau en cire verte sur lacs de soie verte et rouge.

198. Originaux des délibérations prises par les habitans de la R. P. R. de Montauban, Millau, Saint-Affrique, etc., de rentrer

dans le sein de l'Eglise catholique (août-octobre 1685). — Dép. des Manuscrits.

Ces procès-verbaux originaux furent envoyés à la Cour par l'intendant de la généralité de Montauban, Urbain Le Goux de La Berchère, pour gagner la faveur du roi. Ils sont ornés d'un frontispice symbolique, exécuté sur parchemin et colorié.

199. Lettre de Charles de Marquetel de Saint-Évremond à Louis-Charles-Gaston de Nogaret, duc de Candale (1652). Autographe. — Dép. des Manuscrits.

Saint-Évremond félicite le duc de sa nomination comme chef de l'armée de Guyenne. Cette lettre date de l'année où Saint-Évremond lui-même fut nommé maréchal de camp. A cette époque, il s'est déjà signalé par sa mordante *Comédie des académiciens* et il va bientôt, à la suite d'une lettre au maréchal de Créqui dans laquelle il critiquera le traité des Pyrénées, être obligé de passer à l'étranger.

200. Histoire de Calejava ou de l'isle des hommes, avec le parallelle de leur morale et du christianisme [par Claude Gilbert]. — (S. l.,) 1700. In-12. — Dép. des Imprimés.

On ne peut guère mieux représenter ici les « libertins » du temps de Louis XIV que par cet unique exemplaire connu de l'ouvrage de Cl. Gilbert, écrivain que M. Lachèvre range parmi les successeurs de Cyrano de Bergerac. Curieux esprit, au demeurant, en qui se mêlent les influences de Saint-Évremond, Mallebranche, Bayle, Nicole et Fontenelle.

201. Lettre du médecin Jacques Bellay au marquis de Sourdis (François d'Escoubleau). (Blois, 2 mars 1662). Copie envoyée à Colbert. — Dép. des Manuscrits (Mélanges Colbert).

Ce médecin, qui soigna la Grande Mademoiselle et plusieurs membres de la famille Colbert, donne d'effrayants détails sur la disette de 1662 en Blésois et en Touraine.

202. Les Héros de la Ligue, ou la Procession monacale conduite par Louis XIV pour la conversion des protestans de son Royaume. — Paris, chez Pere Peters, à l'enseigne de Louis Le Grand, 1691. In-4, pl. gravées. — Dép. des Imprimés.

Caricatures de « Louvois, exécuteur des ordres de la Sainte Ligue », de Louis XIV, du P. La Chaise, du roi Jacques d'Angleterre, du P. Petres, de Guillaume de Furstenberg, des archevêques de Reims et de Paris, de Bossuet, du P. Maimbourg, de l'évêque de Saintes, du chancelier Le Tellier, de Boufflers, de l'intendant de Marillac, de La Rapine, Basville et Pellisson, de l'intendant Demevin, de l'avocat du roi Beaumier, du conseiller au Parlement de Bordeaux Du Viger, du lieutenant civil Le Camus, de La Reynie, de La Mare et de Mme de Maintenon.

203. Recueil de pièces héroïques et historiques pour servir d'ornement à l'histoire de Louis XIV, dédiées à MM. Racine et Boileau, historiografes de France. — Imprimé par Jean de Montespant, demeurant à Gizors, à l'enseigne de l'édit de Nantes, 1693. In-fol., pl. gravées. — Dép. des Imprimés.

A côté du curieux titre de ce recueil d'estampes satiriques contre Louis XIV, imprimé en Hollande, on a placé une de ces images, empruntée à un autre exemplaire : *La Retraite de Louis XIV avec son serrail.*

LA FRANCE ÉCONOMIQUE, MARITIME ET COLONIALE

204. Le Parfait négociant, ou Instruction générale pour ce qui regarde le commerce... la banque, change et rechange... par le Sr Jacques Savary. — Paris, L. Billaine, 1675. In-4, front. gravé. — Dép. des Imprimés.

Frontispice de P. Landry montrant l'activité d'un port de commerce : les ballots qu'on débarque et qu'on empile sur le quai, les tonneaux qu'on roule, les marchands qui concluent des affaires, le commis qui les enregistre, etc.

205. Le Grand banquier, ou le Livre des monnoyes étrangères réduites en monnoyes de France... par Barrême... — Paris, D. Thierry, 1685. In-8, front. gravé et vignettes gr. s. bois. — Dép. des Imprimés.

Édition originale d'un des ouvrages, avec celui des *Comptes faits du grand commerce* (1670), les plus réputés de François Barrême, spécialiste des questions de change et de comptabilité, qui, protégé par Colbert, a généralisé en France l'emploi des comptes faits, aujourd'hui connus sous son nom. Le frontispice représente un banquier à qui l'on présente un effet payable à vue.

206. Projet d'une dixme royale qui, supprimant la taille, les aydes... et tous impôts onéreux et non volontaires... produiroit au Roy un revenu certain et suffisant [par le maréchal de Vauban]. — (S. l.,) 1707. In-fol. — Dép. des Imprimés.

Exemplaire d'*ex dono* du maréchal aux Augustins déchaussés de Paris, précédé de la copie mss. de l'arrêt du Conseil d'État, en date du 14 février 1707, ordonnant la saisie et la mise au pilon de ce livre, publié sans adresse et sans privilège, et « dans lequel il se trouve plusieurs choses contraires à l'ordre et à l'usage du Royaume ». On sait quel acte de courage civique fut la publication de cette *Dixme royale*, où Vauban, considérant que tout citoyen doit contribuer aux besoins de l'État en proportion de sa fortune, proposait le remplacement des tailles de toutes sortes par un impôt sur le revenu.

207. Description du vaisseau « le Royal Louis » [par le commissaire Hayet]. — Marseille, C. Brebion, 1677. In-8, dessins originaux. — Dép. des Imprimés.

« Le vaisseau le plus magnifique qui ayt jamais été à la mer » est un véritable musée flottant. Un peintre et un statuaire également célèbres, Charles Le Brun et Girardon, ont présidé à sa décoration. Les chambres aux parquets marquetés d'olivier, d'ébène et d'ivoire, aux ciels d'azur fleurdelisés, ont leurs parois décorés de scènes mythologiques : *Apollon et Daphné*, *Apollon et Marsyas;* ou bien c'est un combat naval et le passage du Rhin, que le peintre Jean-Baptiste de La Rose a encadrés de Victoires. Gabriel Levray et Guillaume Gay ont sculpté la poulaine de Renommées et de Sirènes. L'arrière est une Gloire: Neptune et Thétis offrent les richesses de la mer et de la terre à Louis XIV assis sur son trône, que la Victoire couronne de lauriers, tandis que la Paix lui tend un rameau d'olivier.

208. Défaite de Ruyter devant le Fort Royal de la Martinique (20 juillet 1674). — Section de Géographie.

Gravure hollandaise. — Les colonnes d'assaut des Hollandais, 5.000 hommes, foudroyés par les feux des 161 défenseurs du fort, prises à revers par les salves du vaisseau *les Jeux*, sont décimées et forcées à la retraite.

209. Traité des signaux et évolutions navalles, qui contient les règles utiles aux officiers généraux et particuliers d'une armée navale, sous la direction du maréchal de Tourville, par le P. Paul Hoste, 1696. Manuscrit original. — Service hydrographique de la Marine.

210. Le Neptune françois... par les sieurs Pesne, Cassini et autres... — Paris, H. Jaillot, 1693. In-fol., front., pl. et cartes gravés. — Dép. des Imprimés.

Estampe représentant un *Vaisseau de 1er rang portant le pavillon d'admiral* par Jean Van Vianen, contemporaine de la bataille de la Hougue (1692). — Colbert et Seignelay avaient imprimé une telle activité aux constructions navales qu'un vaisseau pouvait être construit en une journée. Sur une galère mise en chantier à 6 heures 1/2 du matin à Marseille, Seignelay et Vivonne s'embarquaient à 5 heures du soir pour aller au château d'If (1679).

211. Estat présent de l'empire du Maroc, par le sieur de Saint-Olon (1693). — Bibl. Smith-Lesouef (Nogent-sur-Marne).

Ce récit du voyageur François Pidou de Saint-Olon est illustré de dessins à la sanguine, représentant des Maures et autres types du pays.

212. Histoire de la grande isle Madagascar, par le Sr Étienne de Flacourt. — Paris, G. Clouzier, 1661. In-4, front. et pl. gravés. — Dép. des Imprimés.

La planche exposée représente la *Réduction des habitans de la province de Careamossi, en l'isle Madagascar, en l'obéissance du Roy par serment solennel faict par les grands et députéz de tout le païs entre les mains du Sr de Flacourt.*

213. Journal du voyage de Jean Foy-Vaillant en Perse (vers 1679). Autographe. — Bibl. de l'Institut (don du Dr Leblond à l'Académie des Inscriptions et des Belles-Lettres).

Jean Vaillant, dit Foy-Vaillant, numismate français (1632-1706), fut présenté par Colbert à Louis XIV qui le nomma son antiquaire et le chargea de plusieurs missions en Italie, en Grèce, en Egypte, jusqu'en Perse, pour y rechercher des médailles destinées au Cabinet du Roi. Il a laissé de nombreux ouvrages sur les monnaies et médailles antiques.

214. Voyages de M. le chevalier Chardin en Perse et autres lieux de l'Orient. — Amsterdam, J.-L. de Lorme, 1711. In-4, front. et pl. gravés. — Dép. des Imprimés.

Tome Ier contenant le voyage de Paris à Ispahan, capitale de l'Empire de Perse. Le frontispice, gravé par H.-S. Tomassin le fils, représente le portrait de Jean Chardin soutenu par deux Orientaux. La vignette du titre est de J. Van Gouwen et porte la devise : *Libertas sine scientia licentia est.*

215. Histoire des Indes Orientales (par Souchu de Rennefort). — Paris, A. Seneuze, 1688. In-4, fig. gravées. — Dép. des Imprimés.

La vignette de P. Sevin, gravée par Vermeulen, figure le cortège des Directeurs de la Compagnie des Indes se rendant en visite en palanquin dans la ville de Surate : « Un trompette marchoit le premier à cheval, avec l'étendard aux armes de France, ensuite quatre pions : ce sont des Maures servant d'estafiers, qui portoient quatre banderolles aux armes de la Compagnie... Soixante pions armèz de flèches, de coûtelas, de demy piques et de rondaches, précédoient deux riches palanquins où estoient les directeurs, accompagnés chacun de six gardes à cheval avec la casaque et la carabine ».

216. Histoire naturelle et politique du royaume de Siam... [par Nicolas Gervaise]. — Paris, Cl. Barbin, 1688. In-4, fig. gravées. — Dép. des Imprimés.

Vignette représentant l'arrivée d'un vaisseau de France au Siam, au milieu des grandes gondoles ou *ballons* du pays. — A la suite de l'envoi d'une ambassade siamoise à Versailles, deux navires français étaient partis pour l'Extrême-Orient, emmenant le chevalier de Chaumont, l'abbé de Choisy et plusieurs missionnaires de la Compagnie de Jésus, qui entrèrent dans le Mé-Nam le 23 septembre 1685. L'un de nos officiers de marine, Forbin, devint amiral de Siam; quant aux Jésuites, qui allaient en Chine comme mathématiciens délégués par Louis XIV, le roi de Siam, frappé de l'exactitude avec laquelle ils avaient prédit une éclipse de lune, en retint quelques-uns comme conseillers scientifiques.

217. L'Estat présent de la Chine, en figures [par le P. J. Bouvet]. — Paris, P. Giffart, 1697. In-fol. pl. gravées en double état, un noir et un colorié. — Dép. des Imprimés.

On lit, dans la dédicace au duc de Bourgogne : « Monseigneur... C'est une Cour où règne la politesse, où la magnificence éclate, et qui est à peu près en Asie ce que la nôtre est en Europe ». — Les Jésuites envoyés par Louis XIV et que l'Académie des Sciences avait admis comme membres, honorés en Chine comme des mandarins, eurent toute facilité pour se documenter sur le Céleste Empire; ils dirigeaient l'Observatoire de Pékin.

218-219. Documents sur écorce de bouleau, relatifs à l'histoire de l'Amérique (1617-1676). Originaux. — Dép. des Manuscrits.

Ces documents sont une lettre du P. G. Poncet, écrite de Sainte-Marie des Hurons le 18 juin 1647, et une lettre de la jeune sauvage convertie, « Gaspesienne », en huron et en français, adressée en octobre 1676 à son bienfaiteur, M. de Sain, receveur à Bourges.

220. Histoire générale des Antilles, habitées par les François, par le R. P. Du Tertre. — Paris, T. Jolly, 1667-1671. 4 tomes en 3 vol. in-4, front., cartes et pl. gravés. — Dép. des Imprimés.

Frontispice de S. Le Clerc, représentant la France assise sur un trophée de drapeaux, entourée de colons et de Caraïbes.

221. Nouvelle découverte d'un très grand pays situé dans l'Amérique entre le Nouveau Mexique et la Mer Glaciale... par le R. P. Louis Hennepin. — Utrecht, G. Broedelet, 1697. In-8, titre, cartes et pl. gravés. — Dép. des Imprimés.

Le P. Louis Hennepin, récollet, avait été le compagnon de Cavelier de La Salle : « Le dit sieur de La Salle, écrit-il, étoit fort mal satisfait de ce que je l'avois prévenu dans la découverte du fleuve Meschasipi depuis sa source jusques au golphe de Mexique dans le voyage que j'y avois fait en l'an 1680 ».

222. Relation journalière d'un voyage fait en 1698, 1699, 1700 et 1701, par M. de Beauchesne, capitaine de vaisseau, aux... destroit de Magellan, costes du Chily et du Pérou, aux isles Galapes, destroit du Maire... fait par le sieur Duplessis, ingénieur sur le vaisseau *le Conte de Maurepas*. Manuscrit original. — Service hydrographique de la Marine.

On y voit un « Dessein des sauvages du détroit de Magellan », représentés aux côtés de matelots malouins.

LA FIN DU RÈGNE

223. Journal de Jean-Baptiste Colbert, marquis de Torcy. Manuscrit en grande partie autographe. 2 vol. petit in-4. L'un est relié en maroquin citron aux armes de Colbert de Torcy, l'autre en maroquin fauve, à entrelacs et fleurons à petits fers. — Bibl. de M. Jean Lebaudy (le premier est exposé aux Reliures sous le n° 270.)

Ce journal concerne la fin de l'année 1709, l'année 1710 tout entière et les quatre premiers mois de l'année 1711. Il provient de la collection Morrison.

224-225. Mémoires de Saint-Simon. Manuscrit autographe. Tomes I, V et VII. — Dép. des Manuscrits (don des administrateurs de la librairie Hachette).

L'œuvre capitale de Louis de Rouvroy, duc de Saint-Simon, l'implacable historien, fut confisquée à sa mort par ordre du roi et déposée aux archives du ministère des Affaires étrangères en décembre 1760. Ce précieux manuscrit de 3017 pages d'écriture serrée et presque sans ratures, conservées en onze portefeuilles reliés en veau écaille aux armes et chiffres de l'auteur, fut alors communiqué à quelques rares privilégiés. Des extraits, des copies en circulèrent, puis de très mauvaises éditions, fort infidèles, en furent données au début du XIXe siècle. Le descendant du mémorialiste, le général duc Henri de Saint-Simon, parvint à obtenir la restitution du document en 1828 et en donna la première édition complète. Le manuscrit passa ensuite entre les mains de l'imprimeur Lahure et, enfin, des directeurs de la maison Hachette, pour faciliter le travail de l'édition projetée par Chéruel, et finalement menée à bien, avec une science incomparable, par MM. A. et J. de Boislisle et L. Lecestre. A l'occasion du centenaire de la fondation de leur maison d'édition (1926), les administrateurs de la librairie Hachette viennent d'en faire le don précieux à l'État et à la Bibliothèque nationale. Nous exposons un des portefeuilles, faits sur l'ordre du duc (t. I) et deux passages célèbres : la mort du Grand Dauphin et le portrait de Louis XIV (tomes V et VII, pages 1086 et 1643).

226. Registre des présents de pierreries et autres, faits par le roy aux souverains étrangers de 1669 à 1714. Original. — Dép. des Manuscrits.

Ce volume contient, parmi l'énumération des dons faits aux souverains d'Italie, d'Espagne, de Danemark, de Suède, de Russie, de Pologne, de Portugal, de Sicile, d'Asie, etc., la liste des cadeaux offerts aux empereurs du Maroc.

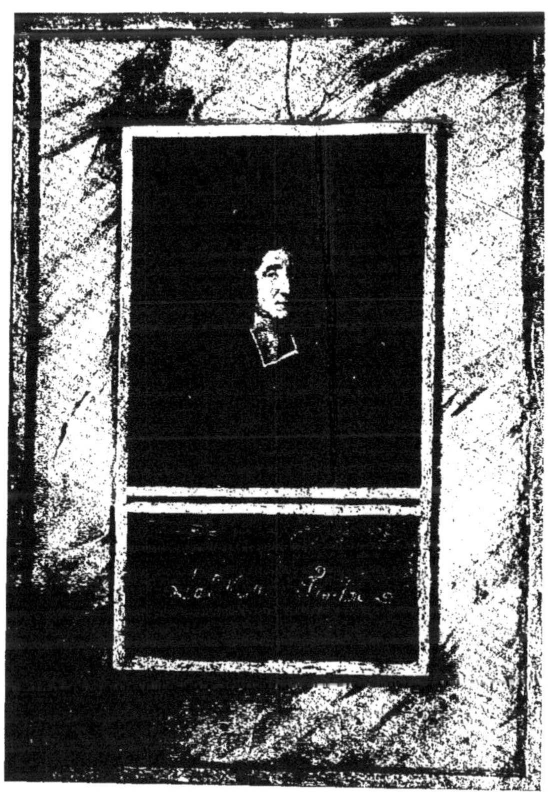

N° 187

Portrait de Fénelon
Peinture du manuscrit autographe du « Télémaque ».

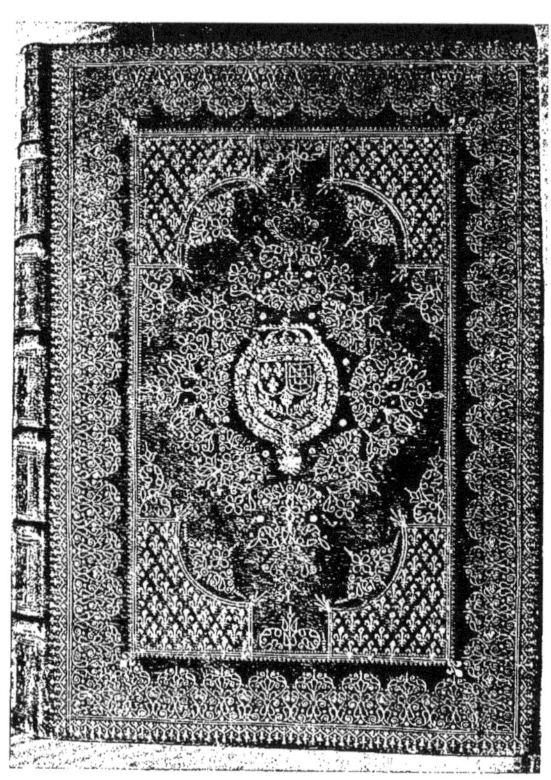

N° 233

Reliure mosaïque, dans le style de Le Gascon, aux armes de Louis XIV.

227. **Dernières paroles du roy Louis XIV au roy Louis XV, son arrière-petit-fils.** — De l'imprimerie du Cabinet du Roy, dirigée par J. Collombat, imprimeur ordinaire de Sa Majesté. In-4. — Dép. des Imprimés.

228. **Placard à l'usage des crieurs publics, annonçant la mort de Louis XIV** (1715). — Dép. des Imprimés.

« Priez Dieu pour l'Ame du Très Haut, Très puissant, Très Excellent Prince Louis le Grand, par la grâce de Dieu, Roy de France et de Navarre, Très Chrestien, Très Auguste, Très Victorieux, Incomparable en Clémence, Justice et Piété... »

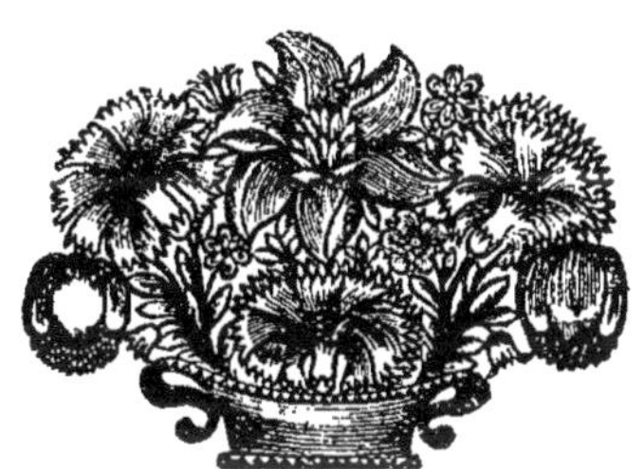

II

RELIURES[1]

229. Reliure aux armes de Louis XIII : écus de France et de Navarre avec semis d'L et de fleurs de lis.

230. Reliure aux armes d'Anne d'Autriche, reine de France.

231. Reliure au chiffre d'Anne d'Autriche, avec semis d'A et de fleurs de lis.

232. Reliure en velours bleu pâle, avec broderies de soie et de fils d'or et d'argent qui figurent le chiffre et l'emblème d'**Anne d'Autriche :** un aigle, sur un globe, soutenant les colonnes d'Hercule et la devise : *Nescit occasum;* le tout dans une guirlande de feuilles de chêne en fils d'or.

Cette reliure recouvre *le Temple de la gloire*, manuscrit sur velin, de Puget de La Serre, calligraphié par Jarry en 1647.— Bibl. Mazarine.

1. Les reliures dont la provenance n'est pas indiquée appartiennent au Département des Imprimés de la Bibliothèque Nationale.

233. Reliure aux armes de Louis XIV, portant les écus de France et de Navarre. Reliure mosaïque dans le style de Le Gascon.

234. Reliure aux armes de Louis XIV, portant les écus de France et de Navarre.

235. Reliure aux armes de Louis XIV encadrées d'une couronne de lauriers fermée par des roses. Maroquin vert olive à filets. — Bibl. Sainte-Geneviève.

236. Reliure aux armes de Louis XIV, présentant seulement les fleurs de lis de France.

237. Reliure au chiffre de Louis XIV. Semis de fleurs de lis et d'L couronnées.

238. Reliure au chiffre de Louis XIV en marqueterie d'écaille rouge, d'étain et de cuivre, avec fermoirs de cuivre argenté. D'une somptuosité exceptionnelle, cette reliure est attribuée à André-Charles Boulle. — Dép. des Manuscrits.

239. Reliure aux armes de Marie-Thérèse, reine de France, encadrées d'une couronne de chêne fermée par des roses. Maroquin rouge à filets. —Bibl. Sainte-Geneviève.

240. Reliure aux armes de Marie-Thérèse, reine de France. Maroquin rouge à filets.

241. Reliure aux armes de Gaston d'Orléans. Reliure du genre de celles attribuées à Le Gascon.

242. Reliure au chiffre de Gaston d'Orléans. Maroquin rouge et filets dorés. — Bibl. Mazarine.

243. Reliure aux armes d'Anne-Marie-Louise d'Orléans, duchesse de Montpensier, dite la Grande Mademoiselle.

244. **Reliure italienne aux armes de Cosme III,** grand-duc de Toscane, et de Marguerite d'Orléans, fille de Gaston d'Orléans.

245. **Reliure à l'emblème du Dauphin,** exécutée pour le Grand-Dauphin.

246. **Reliure aux armes et au chiffre du Grand Dauphin.**

247. **Reliure aux armes** de la Dauphine **Marie-Anne-Christine-Victoire de Bavière.**

248. **Reliure aux armes** de la duchesse de **Bourgogne, Marie-Adélaïde de Savoie.**

249. **Reliure aux armes** de **Henriette-Anne d'Angleterre, duchesse d'Orléans, dite Madame.** Maroquin rouge à filets. — Bibl. Sainte-Geneviève.

250. **Reliure aux armes d'Élisabeth-Charlotte de Bavière,** princesse palatine, duchesse d'Orléans. Maroquin rouge. — Bibl. Mazarine.

251. **Reliure aux armes d'Élisabeth-Charlotte de Bavière,** princesse palatine, duchesse d'Orléans.

252. **Reliure aux** armes de Louis de **Bourbon, prince de Condé,** exécutée dans le style de Le Gascon.

253. **Reliure aux armes de Louise d'Orléans,** reine d'Espagne.

254. **Reliure aux armes de Philippe d'Orléans,** Régent de France.

255. **Reliure aux** armes de **Françoise-Athénaïs de Rochechouart-Mortemart, marquise de Montespan.**

256. **Reliure aux** armes de la duchesse du **Maine.**

257. **Reliure aux armes de Louis-Alexandre de Bourbon,** comte de **Toulouse,** grand amiral de France.

258. Reliure aux armes de Françoise d'Aubigné, marquise de Maintenon. — Bibl. de Versailles.

---

259. Reliure aux armes du chancelier H.-F. d'Aguesseau.

260. Reliure aux armes de Mademoiselle d'Aumale, nièce de Madame de Maintenon. — Bibl. municipale de Versailles.

261. Reliure aux armes de Paul-Hippolyte de Beauvilliers, duc de Saint-Aignan, maître de camp, ambassadeur à Madrid. Reliure italienne en veau fauve.

262. Reliure aux armes de Jean-Paul Bignon, fils de Jérôme II, oratorien, membre de l'Académie française, bibliothécaire du Roi.

263. Reliure maroquin noir, de deuil, aux armes de Bossuet.

264. Reliure maroquin rouge aux armes de Bossuet.

265. Reliure aux armes de Charles Brisard-Tiville, conseiller au Parlement de Paris. Veau brun. Les plats et le dos sont ornés d'un semis d'aigles à deux têtes, de lions et d'hermine; les angles estampés et dorés de fers azurés; souvenir des reliures vénitiennes ou orientales du siècle précédent. — Bibl. Sainte-Geneviève.

266. Reliure aux armes du cardinal du Cambout de Coislin, premier aumônier du Roi.

267. Reliure aux armes d'Isabelle-Thérèse Le Rebours, marquise de Chamillart. Les plats en maroquin citron au chiffre (C) sont doublés de maroquin rouge portant les armes.

268. Reliure aux armes de J.-B. Colbert. Maroquin rouge à filets, feuillages et rinceaux à petits fers. — Bibl. de l'Arsenal.

269. Reliure aux armes et au chiffre de J.-B. Colbert.

270. Reliure aux armes de J.-B. Colbert, marquis de Torcy. Maroquin citron à dentelles et fermoirs. — Bibl. de M. Jean Lebaudy.

271. Reliure aux armes de François de Cossé, duc de Brissac, lieutenant général du gouvernement de Bretagne.

272. Reliure aux armes de Kenelm Digby, savant anglais.

273. Reliure à dentelles aux armes du bibliophile H. du Fresnoy. — Bibl. de la Chambre des Députés.

274. Reliure exécutée pour Pierre Du Puy, garde de la Bibliothèque du Roi. Reliure mosaïque rouge et verte, dentelles aux petits fers dans le style de Le Gascon. Les plats sont doublés de maroquin vert à dentelles du même style. Tranches peintes.

275. Reliure en veau fauve aux armes du maréchal Victor-Marie de Cœuvres, puis d'Estrées et à son chiffre VMD couronné dans les angles. — Bibl. Mazarine.

276. Reliure aux armes de Denis Feydeau de Brou, conseiller au Parlement de Paris. Maroquin rouge — Bibl. Sainte-Geneviève.

277. Reliure aux armes de Nicolas Fouquet. Maroquin rouge. L'écureuil du blason de Fouquet paraît au centre d'un semis de fleurs de lis.

Cette reliure recouvre un exemplaire sur grand papier des *Négociations de M. le président Jeannin* (oncle de Mme Fouquet), dédié au surintendant par l'éditeur, l'abbé de Castille. — Bibl. de M. Edme Sommier.

278. Reliure aux armes de Nicolas Fouquet. Maroquin rouge, dans le style de Le Gascon. — Bibl. de M. Edme Sommier.

279. Reliure aux armes de Achille de Harlay, premier président du Parlement de Paris.

280. Reliure aux armes du cardinal Harlay de Chamvallon, archevêque de Paris.

281. Reliure aux armes de Pierre-Daniel Huet, évêque d'Avranches.

282. Reliure aux armes de Nicolas Lambert de Thorigny, conseiller au Parlement de Paris, prévôt des marchands. Maroquin rouge à filets. — Bibl. Sainte-Geneviève.

283. Reliure aux armes de Guillaume de Lamoignon, président au Parlement de Paris. Maroquin rouge à filets. — Bibl. Sainte-Geneviève.

284. Reliure aux armes de Jean de La Vieuville, bailli de l'Ordre de Malte.

285. Reliure parchemin blanc, aux armes de Claude le Peletier, contrôleur des finances après Colbert. Elle recouvre le tome I du catalogue manuscrit de la bibliothèque de le Peletier. — Bibl. M. le Peletier de Rosanbo.

286. Reliure aux emblèmes de Paule-Françoise-Marguerite Gondi de Retz, duchesse de Lesdiguières. Maroquin rouge timbré de deux masses d'armes passées en sautoir, couronnées et encadrées de la cordelière des veuves. — Bibl. de l'Arsenal.

287. Reliure aux armes et au chiffre de Charles-Maurice Le Tellier, archevêque de Reims. Maroquin rouge à filets et chiffres couronnés dans les angles. — Bibl. Sainte-Geneviève.

288. Reliure aux armes de Michel Le Tellier, chancelier de France.

289. Reliure à l'emblème de la Toison d'Or, exécutée pour le **baron de Longepierre.**

290. Reliure aux armes de François-Michel Le Tellier, marquis de Louvois.

291. Reliure aux armes du cardinal Mazarin. Maroquin rouge à dentelle, emblèmes et fleurons à petits fers. — Bibl. Mazarine.

292. Reliure aux armes de Mazarin. Maroquin rouge du genre de Le Gascon. — Dép. des Manuscrits.

293. Reliure aux armes du cardinal Mazarin. Maroquin rouge. Les plats et le dos sont ornés d'un semis d'étoiles et de faisceaux, pièces du blason du cardinal. — Bibl. Mazarine.

294. Reliure aux armes du cardinal Mazarin. Maroquin rouge à entrelacs, compartiments et fleurons au pointillé. Dans les médaillons encadrant les armes sur les plats, on lit : *Arma [Mazarini] ornant Franciam, suoque consilio Galliam gubernat.* Cette reliure est doublée de maroquin bleu à fleurons au pointillé et à compartiments de maroquin rouge. — Bibl. Mazarine.

295. Reliure aux armes de Charles de Sainte-Maure, duc de Montausier. — Bibl. de la Chambre des Députés.

296. Reliure aux armes du cardinal Louis-Antoine de Noailles, archevêque de Paris et directeur du Conseil de Conscience.

297. Reliure aux armes de Christophe Pajot, abbé commendataire de Valsaintes et de Saint-Jacques de Provins.

298. Reliure aux armes de la Ville de Paris avec semis de fleurs de lis.

299. Reliure aux armes de Louis Phelypeaux de **La Vrillière,** conseiller d'État. Veau fauve à filets. — Bibl. Sainte-Geneviève.

300. Reliure maroquin rouge au chiffre de Fabri de Peiresc, avec double encadrement et dentelle.

301. Reliure maroquin rouge au chiffre de Julie-Lucie d'Angennes de Rambouillet, duchesse de Montausier. Ornée d'un semis de J et d' L majuscules, cursifs et entrelacés, elle recouvre un exemplaire des *Confessions* de saint Augustin, traduites par Arnauld d'Andilly (Paris, 1651). — Bibl. de l'Arsenal.

302. Reliure aux armes du cardinal de Richelieu sur semis de fleurs de lis.

303. Reliure aux armes de l'Institution de Saint-Louis, à Saint-Cyr, fondée par Mme de Maintenon. — Bibl. de Versailles.

304. Reliure aux armes d'Eugène-Maurice, duc de Savoie-Carignan, comte de Soissons, colonel des Suisses, puis lieutenant général. Semis de fleurs de lis et croix de Savoie.

305. Reliure aux armes de Jean-Georges II, électeur de Saxe. Veau brun, à bordures de rinceaux, de dentelles et de fleurs. — Bibl. Sainte-Geneviève.

306. Reliure au chiffre de la reine Christine de Suède. Cette reliure recouvre un exemplaire d'*Alaric* par G. de Scudéry. (Voir le nº 66).

307. Reliure aux armes du maréchal Charles de Schomberg, présentant un semis de soleils et de lions alternés, pièces du blason du maréchal. — Bibl. Mazarine.

308. Reliure aux armes de Pierre Séguier, chancelier de France. Bibliophile, Séguier faisait relier la plupart de ses livres par Antoine Ruette.

309. Reliure aux armes de Dominique Séguier, frère puiné du chancelier, évêque d'Auxerre et de Meaux.

310. Reliure aux armes de Louis-Denis Seguin, président de la Chambre des Comptes de Paris.

311. Reliure exécutée pour le pape Urbain VIII. Semis d'abeilles d'or des Barberini.

312. Reliure exécutée pour **Vauban** présentant les armes et les pièces d'armes de Vauban sur les plats et le dos, sur un exemplaire de la *Géométrie pratique de l'ingénieur,* de Clermont (1693), ouvrage dédié et offert à Vauban. — Bibl. de M. Hector Lefuel.

313. Reliure maroquin rouge avec encadrement, fleurons et rinceaux. Commencement du XVIIe siècle.

314. Reliure mosaïquée à compartiments de cuirs polychromés, filets et fleurons, à petits fers et au pointillé. Doublure mosaïquée à compartiments et fleurons.

Cette reliure, d'une richesse particulière de décoration et composée dans le style des œuvres habituellement attribuées à Le Gascon, porte la signature rarissime du relieur *Florimond Badier*.

315. Reliure maroquin rouge à entrelacs et compartiments bruns, citron, gris et verts, chargés de rinceaux à petits fers et au pointillé. Tranches dorées, ciselées et enluminées. — Bibl. Mazarine.

316-324. Reliures dans le style de Le Gascon. Les plats en maroquin sont ornés d'entrelacs, fleurons et rinceaux à petits fers et au pointillé, et parfois de petites têtes décoratives.

316-319. Maroquin rouge.

320. Maroquin rouge. — Bibl. Mazarine.

321 et **322.** Maroquin rouge. — Bibl. Sainte-Geneviève.

323. Maroquin vert. — Bibl. Sainte-Geneviève.

324. Maroquin rouge à bordure ornée d'une large dentelle formée de cornes d'abondance accolées de fleurons. — Bibl. Sainte-Geneviève.

325. Reliure maroquin rouge ornée d'une grande fleur de lis composée elle-même de petites fleurs de lis.

326. Reliure italienne peinte ton sur ton à la gloire de Louis XIV, doublée d'un semis de fleurs variées sur fond d'or.

III

CARTES ET PLANS[1]

327. Lutetia. Paris. La dédicace « aux lecteurs » est signée : « Jacques Gomboust, ingénieur du Roy, 1652 ».

Exemplaire de dédicace du premier tirage, aux armes d'Anne d'Autriche. — Ce plan célèbre montre le Paris de la Fronde avec l'enceinte bastionnée, transformée depuis en boulevards. Les palais, hôtels, églises et couvents y figurent en vues cavalières ; on reconnaît derrière les jardins du Palais-Royal le palais Mazarin avec sa galerie à peine achevée. Rue Saint-Honoré, près l'église Saint-Roch, on remarque l'inscription : « Demeure de l'auteur ». Dans des médaillons formant cadre, on aperçoit les « maisons royalles et remarquables aux environs ». — Le plan, gravé par Abraham Bosse, a été dressé de 1647 à 1652. Il n'en subsiste qu'une dizaine d'exemplaires. La Section de géographie possède le manuscrit autographe et le texte imprimé de la dédicace « Au Roy » signée de l'auteur, qui figurait primitivement en « papillon » sur le cartouche de gauche.

1. Les objets dont la provenance n'est pas indiquée appartiennent à la Section des cartes et plans du département des Imprimés.

828. Carte générale de Normandie, par Guillaume Le Vasseur, Sr de Beauplan, ingénieur ordinaire du Roy. Vers 1653.

Première bonne carte gravée de la province. Dans un angle, la Normandie, en manteau ducal, assise sur un char tiré par deux lions, tient un rouleau portant l'« explication des marques ». Des signes indiquent les « villages considérables sur les grands chemins où sont plusieurs hostelleries où on trouve selliers, marechaulx, charons », les « hostelleries notables... où on peut repaître et loger commodément » ; un même semis « en la mer signifie bancs et en la terre marest ». L'auteur, dans sa dédicace à Louis XIV, fait allusion à son séjour de dix-sept ans en Pologne comme capitaine d'artillerie. A son retour, il écrivit sa *Description de l'Ukraine* (1650) et publia sa célèbre carte de ce pays.

829. Plan proposé à faire pour augmenter l'ancien dessein du pallais du Louvre pour le premier estage, par Le Vau... (vers 1666). Manuscrit. — Archives nationales.

Avant d'adopter le projet de Perrault pour la Colonnade, Louis XIV avait mis en concurrence le cavalier Bernin, qui vint exprès de Rome et n'élabora qu'un énorme palais à l'italienne, et les architectes Le Vau et d'Orbay qui semblent avoir travaillé en commun. Le projet de Le Vau comportait un dôme central et des pavillons d'angle à grands toits, mieux adaptés à nos climats que la Colonnade sans toits apparents.

830. Place Vendôme. Plan cavalier signé : « Mansart » au verso et daté de Versailles, 1er avril 1699. — Archives nationales.

En 1685, Louis XIV fit acheter et démolir l'hôtel de Vendôme, déplacer le couvent des Capucines et commencer la place carrée « des Conquêtes » ; les bâtiments devaient être affectés à la Bibliothèque royale, aux Académies et aux ambassades. Les travaux, suspendus en 1691, à la mort de Louvois, furent repris par Mansart, Bullet et Boffrand. On construisit les façades avant de vendre les terrains. La statue de Louis XIV, par Girardon, inaugurée en 1699, fut abattue en 1792 (voir la réduction de bronze, exposée au centre de la salle, no 1255).

330 *bis*. Plan général du palais et jardins du Luxembourg le 4e février 1696, signé : « A. Desgodetz ». — Manuscrit en couleurs. — Archives nationales.

Habité par Gaston d'Orléans, puis par Mlle de Montpensier et la duchesse de Guise, le palais du Luxembourg fit retour à la couronne en 1694 et fut alors cédé au duc d'Orléans. Au petit Luxembourg demeurèrent le prince de Bourbon-Condé, sa veuve la Palatine de Bavière, et La Bruyère, précepteur du duc de Bourbon.

331. Plan général de Saint-Germain-en-Laye et de ses environs... dessiné par Boissaye, 1709. — Manuscrit en couleurs.

Louis XIV est né au Château-Neuf, dont les jardins, dessinés sous Henri IV, descendaient jusqu'à la Seine. Parmi les demeures seigneuriales dont ce plan donne la liste, on remarque l'hôtel de Noailles, avec ses jardins en bordure de la forêt.

332. Veue et perspective du château de Vincennes du costé de l'entrée du parc, dessigné et gravé par P. Brissart. Gravure coloriée de la série des « Maisons royales » (vers 1660).

Le Grand Condé et le duc de Beaufort furent enfermés à Vincennes pendant la Fronde. Mazarin est mort le 9 mars 1661 dans le pavillon de la Reine (à droite), bâti, comme le pavillon du Roi (à gauche), sous la direction de Le Vau à partir de 1654 et décoré par Philippe de Champaigne.

333. Plan du parc de Versailles et des environs (vers 1662). — Manuscrit en couleurs.

Voici le plus ancien plan connu de Versailles, dressé au début des premiers travaux de Louis XIV. On y voit le modeste château de Louis XIII, construit de 1631 à 1636 par l'ingénieur Philbert Le Roy, et ses jardins achevés en 1638 par Jacques de Menours, neveu de Jacques Boyceau, avec le mur qui les entoure encore aujourd'hui. Les villages de Versailles et de Choisy-aux-Bœufs, les fermes de Gally et de Clagny, les étangs, les hameaux de Satory et de Trianon figurés ici en vues cavalières, formaient le petit pays de « Galie », arrosé par le ruisseau du même nom, qui traversait les jardins. Ce plan pourrait être l'œuvre d'un arpenteur ou ingénieur italien ou flamand, à en juger par certaines fautes particulières d'orthographe.

334. **Plan général de la ville de Versailles**. Manuscrit en couleurs. — Archives de Seine-et-Oise.

On suit ici la croissance de la ville depuis l'origine jusqu'à la construction de l'église Saint-Louis (1742). Ce plan, bien que postérieur à la mort de Louis XIV, montre encore, sur l'emplacement du Grand Commun, l'église Saint-Julien, détruite avec le bourg en 1678. Le quartier Notre-Dame s'arrêtait à l'étang de Clagny : son église fut achevée en 1686.

335. **Plan général du chasteau et jardins de Versailles** ... (vers 1683). Rouleau manuscrit en couleurs. — Archives nationales.

Ce plan, le plus beau du Versailles de Louis XIV, fut dressé lors de l'installation du gouvernement dans cette résidence et à la veille de la construction de l'aile nord, dont la grotte de Thétis et les réservoirs occupent le futur emplacement. On aperçoit les bosquets et les bassins depuis disparus ou transformés : parterre d'Eau avec son bassin central cantonné de bassins annexes formant quatrefeuille, Labyrinthe et île d'Amour au midi, bosquet des Trois-Fontaines et Théâtre d'Eau au nord.

336. **Carte du château et parc de Meudon,** faite par Bourgault et Matis, arpenteurs du Roy, en 1695. Rouleau en couleurs. — Archives nationales.

Michel Le Tellier, père de Louvois, acquit en 1660 la terre de Meudon, où le cardinal Charles de Lorraine avait fait construire au milieu du XVIe siècle, par Philibert de l'Orme, un premier château. Louvois étant mort en 1691, Meudon fut cédé par sa veuve Anne de Souvré, à Louis XIV, et le Grand Dauphin en fit sa

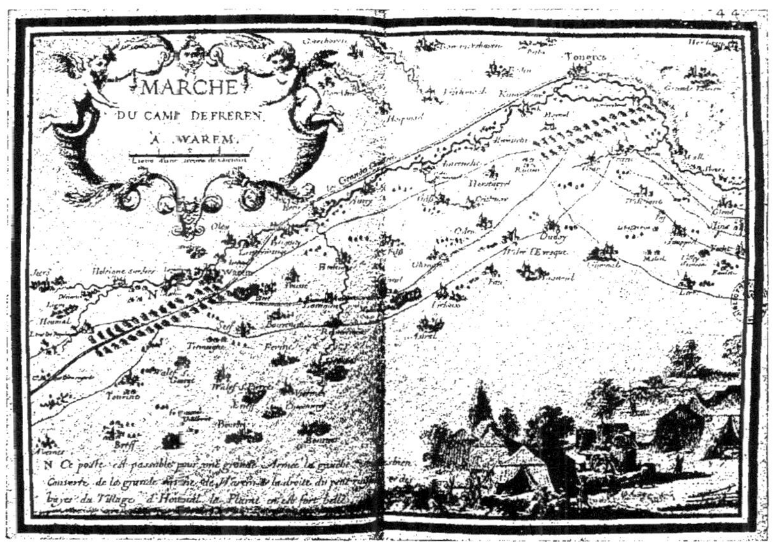

N° 359

Carte et dessin en grisaille

pour les « Marches et Campemens de l'armée du roi pendant la Campagne de 1674 ».

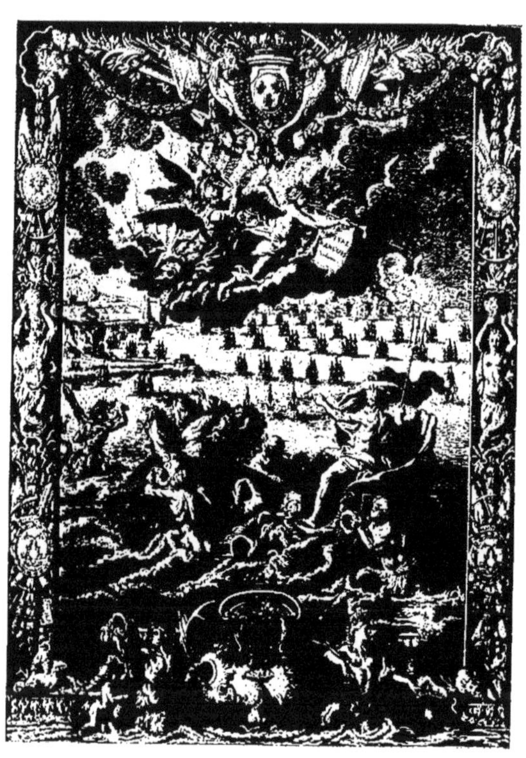

N° 355

Frontispice du « Neptune françois »
Composition de J. Berain gravée par J. Le Pautre

résidence. Le Nôtre traça de nouveaux jardins ; un second château fut bâti par Mansart, demeure que Louis XIV trouvait plus digne d'un financier que d'un prince. Le Dauphin y mourut en 1711.

337. Veüe générale du chasteau de Chantilly, de ses canaux, fontaines et bosquets. Dédié à Son Altesse Sérénissime Mgr le Prince. Levé et dessiné sur les lieux par le sieur de Breteuil, jardinier et dessinateur de Son Altesse Sérénissime. Gravure d'Aveline, coloriée, de la série des « Maisons royales ».

Le Grand Condé mourut en 1686 ; il s'était retiré à Chantilly, après la bataille de Senef. Il y avait reçu Louis XIV en 1671, lors des fêtes marquées par le suicide de Vatel. Les jardins, dessinés par Le Nôtre et depuis transformés, étaient célèbres par leurs eaux jaillissantes qui jouaient jour et nuit.

338. Plan d'Hesdin pour servir au projet des ouvrages à faire en 1713. Signé : Vauban. — Manuscrit en couleurs.

Projet antérieur à 1707, date de la mort de Vauban. Pour cette petite ville du Nord, il n'était pas prévu de citadelle. Les inondations des rivières Canche et Ternoise et les marais de Marconnelle devaient aider à la défense. L'enceinte du corps de place comprenait six bastions et deux portes, et les ouvrages avancés étaient naturellement plus importants vers la partie non inondable.

339. Carte particulière du diocèse de Rouen, dressée sur les lieux par M. Frémont, de Dieppe, sous les yeux et par les ordres de Me Jacques-Nicolas Colbert, archevêque de Rouen... — Paris, Jaillot, 1715.

Grande et magnifique carte gravée par Berey et dédiée au chapitre de Rouen. Une légende fort détaillée distingue les divers établissements humains, indiquant jusqu'aux cabarets. Les signes habituels des planètes désignent les jours de marché (la Lune pour le lundi, Mars pour le mardi, etc.). Le diocèse est divisé par doyennés et archidiaconés. J.-N. Colbert (1654-1707), second fils du ministre, fut de l'Académie française et de celle des Inscriptions et fit preuve, comme archevêque, de tolérance à l'égard des calvinistes.

340. Plan du port et de l'arsenal de Brest, 1676. Fait par le sieur de La Belleveue-Dumain. — Service hydrographique de la Marine.

Magnifique plan cavalier, aux armes de Colbert, figurant la flotte de Louis XIV en rade, et, avec des teintes diverses, les constructions faites ou à faire dans l'arsenal. Il était dit « le plan de deux toises » (il a environ quatre mètres carrés). Des chantiers de constructions pour six vaisseaux de ligne, trente magasins pour autant de vaisseaux, des quais longs de mille toises, des magasins à triple étage pour les agrès, les vivres et les munitions, des boutiques pour tous les corps de métier, des forges, des étuves, une prison, une chapelle, un aqueduc, un hôtel pour le commandant, une école de canonniers, voilà ce qu'avait réalisé Colbert qui n'avait trouvé à Brest, en fait d'arsenal, « qu'une gueuserie ».

341. Le « Soleil Royal ». Signé : P. Vary. — Gouaches. — Bibliothèque Smith-Lesouëf (Nogent-sur-Marne).

Proue et poupe du vaisseau-amiral de la flotte de Louis XIV, monté par Tourville à la bataille de la Hougue le 29 mai 1692, et représenté battant son pavillon sur le plan de Brest de 1676 (voir le n° 340.)

342. Dessin de la ville de Toulon et partie de son arsenal, 1676. Signé : « Pierre Puget, sculpteur et architecque du Roy... en la Marine ». — Service hydrographique de la Marine.

Le grand sculpteur Puget avait imaginé un arsenal d'un effet très décoratif dont nous avons ici le dessin original. Les services du port se déroulaient en une grandiose perspective autour d'un pavillon central à coupole et d'un bassin à flot. L'approbation unanime des intendants ne désarma point les critiques de l'ingénieur de Clerville qui fit rejeter les propositions du célèbre auteur du *Milon de Crotone* : « Tant de colifichets ne répondoient absolument pas à la majesté d'un ouvrage destiné à la guerre ».

343. Carte de la Manche, avec les travaux à faire au Havre, 1692, par Gobert. — Service hydrographique de la Marine.

Ornée d'un portrait en couleurs de Louis XIV et d'une vue de Namur, prise, cette année-là, par le roi, la carte contient un plan du Havre avec les jetées proposées par Gobert pour mettre les vaisseaux du roi à l'abri. Et il combattait l'idée de fortifier la Hougue : « M. de Tourville remarqua fort judicieusement en ma présence, sur la carte marine, en examinant les accès de ce port que, s'il se donne un combat naval entre le cap Lezard et Ouessan, jusques à la hauteur du Havre, il sera impossible de gaigner la Hougue... » Quelques semaines plus tard, c'est à la Hougue même que Tourville livrait bataille contre des forces doubles des siennes : s'il avait eu un port de refuge, il était sauvé.

344. Plan de la citadelle de Dunkerke désigné en l'année 1666... commencée par les Anglois et achevée du dessein de M. de Chastillon par N. Maupassant. Dessin rehaussé. — Service historique de la Marine.

Prise aux Espagnols en 1646, perdue en 1653, reprise en 1658 et cédée à Cromwell, revendue à la France par Charles II en 1662, la ville des corsaires fut fortifiée par Vauban et posséda un port franc et une chambre de commerce. Bombardée en 1694 par les Anglais, elle fut démantelée au traité d'Utrecht.

345. Plan de la manufacture royale des étoffes de soye, or et argent de la ville de Marseille. [Après 1692.] Manuscrit en couleurs. — Service historique de la Marine.

L'industrie de la soie, ancienne à Marseille, y fut rénovée par le banquier Joseph Fabre, qui reprit en 1692 les affaires de la Compagnie de la Méditerranée en fondant la manufacture. On voit ici sa maison (à droite) et le plan des cinq ateliers où battaient

50 métiers. Les étoffes étaient destinées aux Levantins, amateurs de soie brochée d'or et d'argent. La manufacture était encore en activité à la fin du XVIIIe siècle.

346. Veüe de Marseille du costé de l'Infirmerie, en 1698. Aquarelle. — Service historique de la Marine.

Des chaises à porteurs transportent des malades ou des visiteurs au pavillon de l'Infirmerie. Au fond, Notre-Dame de la Garde ; à droite, le Faro, le château d'If et les îles ; au centre, la porte de la « Juliette » [Joliette] et l'endroit « où l'on tire la butte ».

347. Plan de la ville et arcenal de Rochefort (1676). Aquarelle. — Service historique de la Marine.

Les travaux de Rochefort, entrepris en 1666 par Clerville et Blondel, étaient alors très avancés : les fortifications avaient été commencées en 1673 et la ville comptait déjà vingt mille habitants. Les rues sont ici distinguées selon le pavage. Au premier plan, navires de guerre en construction.

348. [Tour de Cordouan (1664)]. Dessin rehaussé de sépia. — Service historique de la Marine.

Une dédicace latine annexée à cette pièce rappelle la restauration de la tour aux frais de l'État, par les soins de Claude Pellot, intendant de Guyenne et parent de Colbert. Le phare avait été construit de 1584 à 1610 par Louis de Foix ; l'architecture des parties hautes a été dénaturée lors de la surélévation en 1788. On y voyait une chapelle à deux étages sous coupole, surmontant l' « appartement du Roy ». L'ensemble s'élevait à 18 toises au-dessus de la haute mer.

349. Plan de la verrerie à glaces de Cherbourg établie par les ordres de Mgr Colbert ... le premier décembre 1663, désignée sur les lieux comme elle est à présent, le 1er juillet 1669. Aquarelle sur vélin. — Service historique de la Marine.

Plan aux armes de Colbert. La manufacture comprenait une

dizaine de bâtiments. Vers la fin du règne, il fallut réprimer des tentatives de désertion d'ouvriers que le duc de Lorraine cherchait à attirer dans ses États.

350. Le Canal royal de Languedoc ... dédié et présenté à Mgrs des Estats de Languedoc par ... J.-B. Nolin. — Paris, janvier 1697.

Le canal de Languedoc, commencé le 8 novembre 1664 et dont Riquet dirigea les travaux depuis juin 1665, fut achevé en 1681. On voit ici les armoiries de tous les seigneurs laïcs et ecclésiastiques dont le canal traversait les terres, le plan de tous les ouvrages d'art et diverses médailles commémoratives. Au XVIIIe siècle, d'Anville a tracé sur cet exemplaire la voie romaine de Toulouse à Narbonne, numérotée de mille en mille.

351. Carte de la nouvelle découverte que les RR. Pères Jésuistes ont fait *(sic)* en l'année 1672, et continuée par le R. Père Jacques Marquette... — Manuscrit en couleurs.

Cette carte montre pour la première fois tout le cours du Mississipi. Le P. Marquette, né à Laon, mort au Canada en 1675, avait, avec Jolyet, de Québec, et cinq autres Français, traversé le lac Michigan où se jette une rivière qui porte son nom et descendu le Wisconsin et le Mississipi jusqu'au 33e degré. Il a fondé la première église bâtie sur l'emplacement de Chicago.

352. Carte de la Nouvelle France, où est compris la Nouvelle Angleterre, Nouvelle Yorc, ... la Floride, etc. (après 1687). — Manuscrit en couleur.

Le nom de « Nouvelle France » s'étend ici à toute la partie Est de l'Amérique du Nord. Dans l'angle S.-O., tombeau de l'explorateur Cavelier de La Salle, massacré par ses compagnons le 19 mars 1687. Dans un cartouche aux armes du Grand Dauphin, « veue de Québec à l'Est », dessinée à la plume.

353. Carte du Sénégal (S. l. n. d., vers 1664-72). — Manuscrit avec limites en couleurs.

On peut attribuer cette carte à quelque agent de la Compagnie des Indes occidentales. Le pays représenté comprend les bas cours du Sénégal et de la Gambie entre les caps Blanc et Vert. Les postes de Gorée, Rufisque, Portudal et Joal furent depuis enlevés aux Hollandais.

354. Isle de Madagascar autrement dicte Isle Saint-Laurens, par le Sr de Flacourt, 1656. A présent nommée Isle Dauphine. — Paris, A. de Fer, 1666.

Deuxième édition de la carte dédiée à Fouquet, de qui elle porte les armes, par le voyageur Étienne de Flacourt (1607-1660) qui a laissé une importante histoire de l'île, publiée en 1658 et réimprimée en 1661. Notre occupation partielle de Madagascar, due à l'initiative de Richelieu, dura de 1643 à 1672. Madagascar fut alors abandonnée pour l'île Bourbon.

355. Le Neptune françois, ou Atlas nouveau des cartes marines levées et gravées par ordre exprès du Roy pour l'usage de ses armées de mer ... revu et mis en ordre par les sieurs Pesne, Cassini et autres.—Paris, H. Jaillot, 1693. Gr. in-fol., titre gravé par Le Pautre d'après Bérain.

Ce premier atlas à l'usage des armées navales était le résultat des nombreux travaux hydrographiques entrepris sur l'ordre de Colbert. Ils avaient pour base, en ce qui concerne la Méditerranée, la plus grande carte connue, celle du P. Milliet de Châles, de 27 pieds de largeur sur 12 de hauteur, c'est-à-dire de 36 mètres carrés (Voir aussi le n° 210).

356. Atlas françois ... dédié au Roy par ... Hubert Jaillot, géographe ordinaire de S. M. — Paris, l'auteur, 1695. In-fol.

Titre gravé par Antoine Dieu. En regard, portrait du célèbre géographe Alexis-Hubert Jaillot, successeur de Nicolas Sanson, gravé par Vermeulen d'après Culin. L'atlas compte cent cartes, pour la plupart gravées par Cordier, d'Abbeville, et datées de 1683 à 1697. Presque toutes sont ornées de cartouches avec armoiries et figures. On ajoutait à la main, parfois, le dernier chiffre de la date laissé en blanc à des fins commerciales. Les planches remaniées servaient longtemps : une carte d'Allemagne, dressée chez Jaillot en 1672 pour suivre les campagnes de Turenne, se vendait encore en 1805 lors de la campagne d'Austerlitz.

357. Principaux lieux et portes du parc de Marly, octobre 1714. Manuscrit in-fol. oblong, relié mar. r. aux armes de Louis XIV. — Archives nationales.

Ce recueil se compose de trois volumes d'aquarelles donnant tout le détail du domaine de Marly. Le Château, construit depuis 1693, comprenait un bâtiment central et douze pavillons d'invités, figurant le Zodiaque.

358. Livre des plans des places de l'Alsace et des batailles que le Roi a gagnée *(sic)* en ces quartiers-là, comme aussi des places qui restent aux ennemis jusques à Cologne. Faits par F. de La Pointe [1674-1677]. Manuscrit in-folio en couleurs, relié mar. r. aux armes du duc d'Antin.

Contient 20 planches avec vues cavalières des champs de bataille. — Ce volume renferme de curieuses notices sur les ressources des places représentées.

359. Table des cartes des marches et campemens de l'armée du Roy pendant la campagne 1675 (-1676). — Manuscrit in-folio.

Les quatre volumes de cet ouvrage embrassent les années 1674-1677 et concernent les mouvements de troupes dans les Flandres. Chacun d'eux comporte un abrégé historique calligraphié et un grand nombre d'ordres de marches et de batailles, avec décor en grisaille (cartouches, paysages, scènes de la vie rustique et militaire, architectures, jardins, allégories). Les villages sont figurés en vues cavalières.

360. Recueil des cartes des costes maritimes du royaume, ... celles de la mer Océane ... et ... de la mer Méditerranée ... réduites sur les grandes cartes ... dressées par feu M. le chevalier de Clerville... Atlas gr. in-fol., manuscrit en couleurs.

Ce recueil, établi entre 1677 et 1683, donne en 22 cartes le détail des côtes et l'intérieur, y compris le cours des grands fleuves. L'état des lieux est figuré à marée basse ; les profondeurs sont indiquées en brasses ; les laisses de sable et de vase sont représentées. Le chevalier de Clerville, prédécesseur de Vauban, se distingua à tous les sièges depuis 1647 et fut commissaire général des fortifications, de 1658 à sa mort (1677).

361. **Recueil des cartes des places de guerre des provinces de Picardie, Champagne, Normandie, Bretagne, Poitou, Pays d'Aunis, Guienne, Navarre et Biscaye, Languedoc, Provence, Dauphiné, Bourgogne,** en l'état qu'elles sont en 1683. Les ouvrages marquéz de jaune, restant à faire et ausquels on travaille. Manuscrit in-folio. — Section technique du Génie.

« Carte de Rocroy », ornée, comme le sont toutes les pièces de ce recueil, de figures allégoriques formant encadrement. Le recueil fut exécuté sous la direction de Vauban.

362. **Camps et ordres de marches de l'armée du Roy en Flandres, commandée par Mgr le maréchal duc de Luxembourg en l'année 1691.** Levé sur les lieux et dessiné par le Sr Pennier, géographe. — In-fol. oblong, manuscrit en couleurs.

Ce volume contient 24 cartes et plans avec itinéraires et notices comportant chacune l'ordre de marche et le mot d'ordre (15 mai-8 octobre). On y trouve notamment des plans du siége de Mons, prise par Louis XIV, du combat de Leuze (10 septembre), où fut battu le prince de Waldeck, des camps de Lessines, Hal, Soignies, et des ordres de bataille, présentant la disposition des divers régiments.

363. **Les Montagnes des Sévennes où se retirent les fanatiques de Languedoc** et les plaines des environs où ils font leurs courses, avec les grands chemins royaux faicts... pour rendre ces montagnes

praticables sous les soins de M. de Basville, intendant de Languedoc... — Paris, J.-B. Nolin, 1705.

Carte montrant les Causses, avec leurs vallées profondes et leurs grandes tables calcaires. Dans l'angle, les dragons de Villars poursuivent les protestants « fanatiques » au milieu des rochers, pendant la guerre des Camisards.

364. Carte des environs de Douai ayant appartenu au maréchal de Villars. — Bibl. de M. le marquis de Voguë.

365. Cadran solaire avec gnomon de cuivre et mappemonde. — P. Le Maire inv.

Cadran de marbre peint et doré, portant aux angles les armes de Michel de Chamillart (1651-1721), contrôleur général des finances et ministre de la guerre, et le chiffre de sa femme, Isabelle-Thérèse Le Rebours (1657-1731), qu'il avait épousée le 26 novembre 1680. Mme de Chamillart avait réuni au château de L'Etang-la-Ville une importante bibliothèque (voir aux Reliures, no 267).

366-367. Cadrans astronomiques. — J. Thuret à Paris.

Ces deux cadrans octogones, en ébène et cuivre doré, sont montés chacun sur trois pieds en forme de dauphins et portent à leur sommet le soleil royal couronné, entouré d'attributs des sciences et des arts. Ils paraissent avoir été faits pour le Grand Dauphin. Le premier porte sur l'une de ses faces un zodiaque gravé, et présente au revers les orbites des planètes. Le second est muni d'un calendrier mobile.

IV

MONNAIES, MÉDAILLES ET ANTIQUES

MONNAIES

Tout en continuant la frappe de l'écu d'or, Louis XIII créa, en 1640, le système du « louis », qui devait être celui du règne de Louis XIV. Le louis d'or était le substitut de la pistole d'Espagne à 22 carats (0,916) de titre, 10 livres de cours, et les marquis de Molière ne l'appellent jamais que pistole. Le louis ou écu d'argent pur était la pièce la plus lourde qu'on eût encore frappée, à 3 livres (60 sous) de cours. Un moment, on abandonna le louis pour le lis d'or et d'argent, système dans lequel le lis d'argent valait 1 livre ; mais cet essai ne fut pas de longue durée. On revint au louis. Les légendes du revers sont : CHRS (*Christus*) REGN (*at*) VINC (*it*) IMP (*erat*) pour l'or ; SIT NOMEN DOMINI BENEDICTVM pour l'argent. Il y a sur ces pièces, des lettres d'atelier : A, Paris, B, Rouen, etc. Les monnaies divisionnaires, de 20 sous (1 livre) à 1 sou (12 deniers), sont d'un titre inférieur, mais avec de l'argent dans l'alliage. Seules, la pièce de 6 deniers et le liard (3 deniers) sont de cuivre. On ne frappait plus le double denier ni le denier.

368. Pièce d'essai de 10 louis d'or, Louis XIII par Varin, 1640.

369. Huit louis. Revers aux huit L ; en cœur, l'A de Paris.

370. Essai d'or aux calices.

371. Essai de Briot à la Monnaie assise.

372-373. Écu d'or de Louis XIV (Louis XIIII) et revers.

374. Le même. Le rat d'Arras, arme parlante en symbole.

375-376. Piéfort (exemplaire épais) et demi-écu d'or. 1643.

377-379. Piéforts des double-louis, louis, demi-louis. 1644.

380-382. Double-louis et louis « au Poupard », mèche courte. Revers.

383-388. Le même, mèche longue (1651) et revers.

389-390. Demi-louis « au Poupard » et revers.

391. Essai du lis d'or. Buste de Louis XIV jeune.

392. Autre. *Lilia non nent* (les lis ne filent pas. Év. s. Luc, XII, 27).

393-394. Autres. *Domine, elegisti lilium tibi.*

395. Autre. Deux génies nus supportant l'écu.

396-397. Lis d'or. 1656. Deux anges supportant l'écu.

398-400. Louis d'or. 1663. Tête laurée juvénile et revers.

401-404. Louis d'or. 1680. Tête nue et revers.

405-407. Louis d'or. 1687. Tête adulte et revers.

408-409. Double-louis. 1690. Tête âgée et revers.

410-415. Louis et revers, dont celui de France-Navarre-Béarn, aux chaînes de Navarre et à la vache (vaquette, baquette) du pays basque.

416-417. Demi-louis et revers.

418-421. Double-louis (1694), le roi âgé, et revers aux quatre L, dont celui à la vache (vaquette) de Pau (n° 420).

422-424. Louis et demi-louis, revers.

425-426. Double-louis (1701), et revers aux huit L et insignes (sceptre et main de justice).

427-430. Double-louis, louis, demi-louis aux insignes.

431-437. Double-louis et louis au soleil.

438. Essai d'argent aux calices.

439-442. Écu d'argent. 1643. Piéfort. Pièces courantes. Revers.

443-444. Le même. Navarre et Navarre-Béarn.

445. Exemplaire de l'écu d'argent en or.

446-448. Piéfort, demi-écu et revers.

449-452. Divisions, du quart au quarante-huitième.

453-455. Essai du lis et lis d'argent. 1656.

456-457. **Écu et demi** au buste juvénile.
458-459. **Écu et demi** dit du Parlement.
460. **Essai** de 1682 à l'écu rond.
461-464. **Écu et demi** aux huit L. Le roi âgé et revers.
465-466. **Écu aux palmes** et demi. Revers. 1694.
467. **Écu aux palmes** de Navarre-Béarn à Pau.
468-469. **Écu aux insignes** et quart d'écu. 1702.
470. **Quart d'écu** du Dauphiné (**écartelé dauphin** et **lis**).
471-472. **Écu** aux huit L et quart d'écu.
473-475. **Écu** aux trois couronnes et quart d'écu. 1709.
476-477. **Écus** dit Carambole pour la Flandre.
478-484. **Strasbourg**. Trente sous à un sou.
485. **Colonies**. *Gloriam regni tui dicent.*
486. **Essai** d'argent de 1648.
487-488. **Essais** du double sol et du denier tournois.
489-491. **Vingt sous,** dix sous, quatre sous.
492-493. **Quatre sous**, deux sous.
494-497. **Trente deniers,** seize, quinze, douze **deniers** (sou).
498-499. **Six deniers,** du bronze des arsenaux.
500-503. **Liard** (3 deniers), droits et revers.

MONNAIES FÉODALES

Il y en eut au début du règne et sur les frontières.

504. **Charles de Gonzague** à Arches-Charleville. Ducat.
505-507. **Le même**. Piéfort. Ses armes. Demi-écu.
508. **Gaston d'Orléans,** dans les Dombes. Teston.
509. **Sa fille, Anne-Marie-Louise**. Demi-écu.
510. **Innocent X,** pape, à Avignon (revers).
511. **Charles-Emmanuel, duc de Savoie**. Pistole.
512. **Frédéric de Nassau**, prince d'Orange. Double pistole.
513. **Charles IV**, duc de Lorraine.

MONNAIES ÉTRANGÈRES

514. **Innocent XI** à Rome. Grand écu.
515. **Charles II** d'Espagne à Naples.

516. **Cosme III** de Médicis. Saint Jean-Baptiste.

517. **Ranuce II** Farnèse à Parme. Mars debout.

518. **Oselle d'or** (pièce d'étrennes) de Venise. Le doge à genoux devant saint Marc.

519. **Charles II,** roi d'Espagne. Pistole.

520. **Philippe V,** roi d'Espagne. Demi-écu.

521. **Christine,** reine de Suède.

522. **Électeur de Mayence**. Florin d'argent.

523. **Thaler de Brême**.

524-525. **Philippe IV**, Pays-Bas. Souverain et double.

526. **République de Berne**.

527-528. **Angleterre. Charles Ier**, shelling. Cromwell.

529-530. **Charles II,** guinée (1 livre sterling). Jacques II.

531-532. **Guillaume et Marie**. Anne.

MONNAIES OBSIDIONALES

C'était du numéraire de fortune, frappé sur place pour des assiégés ou des assiégeants, avec le métal dont on disposait.

533. **Pour les Français assiégeant Saint-Venant :** de la vaisselle de Turenne.

534. **Landau, 1702**. Les Français assiégés : pièce de 2 livres.

535. **Landau, 1713**. Les impériaux assiégés : de la vaisselle du prince de Wurtemberg.

MÉDAILLES

On trouvera dans les vitrines qui suivent des médailles et des médaillons fondus, des médailles frappées et des jetons. La plupart des médailles frappées appartiennent aux deux séries de l'*Histoire métallique* de Louis XIV sur laquelle on trouvera des renseignements plus bas (nos 1119-1120). Les médailles fondues l'ont été en général sur l'ordre des particuliers. Les jetons, qui servaient primitivement à compter, étaient distribués à l'époque de Louis XIV, à titre de gratification ou d'étrennes, aux fonctionnaires des grandes administrations. Les princes et les particuliers en faisaient également frapper à leur usage personnel (jetons de jeu, etc.).

Les monuments ci-dessous décrits ont été groupés, en un classement assez libre et sans rigueur scientifique, sous les chefs suivants : La personne royale — l'administration — lettres, sciences et arts — guerre et diplomatie — marine et commerce — religion.

Vitrine I

LA PERSONNE ROYALE

I

Portraits du Roi.

536. Le Roi à quatre ans, médaille d'argent, 1642.

537. Le Roi à dix ans, médaille d'argent par Jean Varin, 1648.

538. Le Roi à treize ans, médaille d'argent, 1651.

539. Le Roi à vingt-sept ans, médaille d'or tondue par Jean Varin, pour commémorer le projet de Bernin pour l'achèvement du Louvre, 1665.

540. Le Roi à trente-quatre ans, médaille d'argent, par F. Chéron, 1672.

541. Le Roi à quarante ans, médaille d'argent, 1678.

542. Le Roi à quarante-et-un ans, médaille d'argent, par F. Chéron, 1679.

543. Le Roi à quarante-trois ans, camée, vers 1681.

544. Louis XIV à quarante-six ans, médaille d'or, par Molart, 1684.

545. Louis XIV à quarante-neuf ans, médaille d'or, par Roussel, 1687.

Médaille du festin donné par la Ville de Paris, pour célébrer la guérison du roi, le 30 janvier 1687 (voir le n° 614).

II

Les Ancêtres.

546. Henri IV en Hercule, camée, monture d'émail.

547. Henri IV et Marie de Médicis, camée sur coquille.

548. Marie de Médicis, camée.

549. Louis XIII, camée.

La tête est faite d'un grenat, le buste et la monture sont d'or émaillé.

550. Louis XIII, camée.

551. Louis XIII, camée, monture d'émail.

552. Louis XIII, médaille d'argent, par Jean Varin, 1630.

553. Gaston d'Orléans, médaille d'argent, par Jean Varin, 1638.

554. Anne d'Autriche et Louis XIV, vers 1643, médaille d'or, par Jean Varin.

Médaille fondue en mémoire du vœu d'Anne d'Autriche pour la naissance de Louis XIV et de la fondation du Val-de-Grâce.

III

La Glorification.

555. Le Roi-Soleil, médaille d'or, par Roussel.

Médaille donnant l'état des constellations à l'heure de la naissance de Louis XIV : 11 heures 20 du matin, le 5 septembre 1638.

556. Le Roi-Soleil, médaille d'argent, 1662.

557. Le Roi-Soleil, médaille d'argent, par Dufour, 1672.

558. Le Roi-Soleil, médaille d'argent, par François Varin, 1674. Avec la devise : *Nec pluribus impar.*

559. Le Roi-Soleil, médaille d'argent, 1684. Avec la devise : *Nec pluribus impar.*

560. Le Roi-Soleil, médaille d'argent.

561. Le Roi comparé à Apollon, médaille d'argent, par Mauger, 1661.

Médaille frappée à la majorité de Louis XIV.

562. Le Roi comparé à Apollon, médaille d'argent, 1663.

563. Assiduité du Roi aux affaires, médaille d'or, par Roussel. Le Roi en Phébus-Apollon.

564. Le Roi comparé à Hercule, médaille d'argent.

565. Le Roi comparé à une fontaine inépuisable, médaille d'or, par Roussel, 1688.

566. Gloire du Roi, médaille de bronze, par Roussel, 1686.

La statue érigée sur la place des Victoires par le duc de la Feuillade.

567. Gloire du Roi, médaille d'argent, 1694.

N° 558

Le Roi-Soleil,
médaille par François Varin (1674).
Face et revers

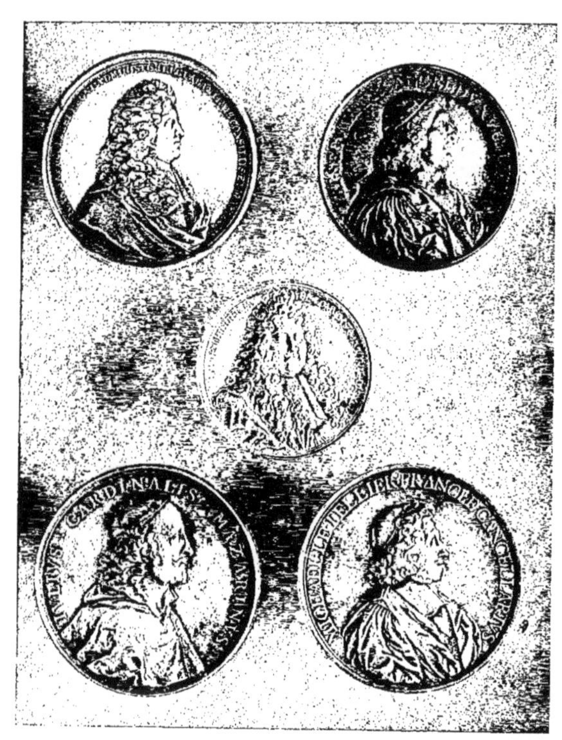

No 662 et ss.

Colbert, Pierre Séguier, Louvois, Mazarin,
Michel Le Tellier
Médailles.

568. **Magnificence du Roi**, médaille d'argent, par Molart, 1682.
569. **Facilité de l'accès au Roi**, médaille d'or, par Molart, 1661.
570. **Libéralité du Roi**, médaille d'or, par Roussel.
571. **La Guérison du Roi**, médaille d'or, par Arrondeaux, 1687.
Médaille frappée par le comte d'Avaux.
572. **Constance du Roi**, médaille d'argent.
573. **Bienfaisance du Roi**, médaille d'argent, 1662.
574. **Victoires du Roi**, médaille d'or.
Médaille frappée pour commémorer la prise de deux cents villes fortes.
575. **Bienfaits du règne du Roi**, médaille d'or, par Hamerani.
576. **La Gloire de la France**, médaille d'argent, par R. Faltz.

IV

La Famille.

577. **Marie-Thérèse, reine de France**, médaille d'or, 1662.
578. **Le Grand Dauphin**, médaille d'argent, par F. Chéron, 1678.
579. **La Grande Dauphine**, médaille de bronze, par Molart.
580. **La Grande Dauphine**, jeton d'argent, 1683.
581. **Le Roi entre ses fils, le Grand Dauphin et le premier duc d'Anjou**, médaille d'or.
582. **Le Dauphin avec ses fils, les ducs de Bourgogne, d'Anjou et de Berry**, médaille d'or, par Roussel, 1693.
583. **Naissance du duc de Bourgogne**, 1682, médaille d'or.
584. **La duchesse de Bourgogne**, jeton d'argent, 1712.
585. **La princesse de Conti, fille du Roi et de Mlle de La Vallière**, médaille d'argent, par F. Chéron.
586. **Le comte de Vermandois, fils du Roi et de Mlle de La Vallière**, jeton d'argent, 1681.
587. **Le duc du Maine, fils du Roi et de Mme de Montespan**, jeton d'argent, 1700.
588. **La duchesse du Maine**, médaille de bronze, 1703.
589. **Le comte de Toulouse, fils du Roi et de Mme de Montespan**, en armure, médaillon d'étain, par Chalochet.
590. **Philippe, duc d'Orléans, frère du Roi**, médaille d'argent, par Jean Varin.

591. **Philippe, duc d'Orléans, frère du Roi,** médaille d'argent, par Delahaye, La bataille de Cassel, 1677.

592. **La duchesse d'Orléans (la Palatine), mère du Régent,** médaille de bronze, par Saint-Urbain.

V

La Vie, Le Règne.

593. **Régence d'Anne d'Autriche,** 1643, médaille d'argent, par Roussel.

594. **Le Roi tirant aux pigeons,** médaille d'argent, 1648.

595. **Majorité du Roi,** 7 septembre 1651, médaille d'argent.

596. **Entrée du Roi à Paris,** médaille d'argent, par Roussel, 1652.

597. **Sacre du Roi,** 7 juin 1654, médaille d'or.

598. **Entrée de la Reine à Paris,** 26 août 1660, médaille d'argent, par Mauger.

599. **Entrée de la reine de Suède à Paris,** 6 septembre 1656, médaille d'or, par Mauger.

600. **Convalescence du Roi,** après sa maladie à Calais, 1658, médaille d'argent.

601. **Mariage du Roi,** 9 juin 1660, médaille d'or.

602. **Mariage du Roi,** 9 juin 1660, médaille d'or.

603. **Mariage du Roi,** 9 juin 1660, médaille d'argent, par Hardi.

604. **Naissance du Dauphin,** 1er novembre 1661, médaille d'or, par Roussel.

605. **Mort d'Anne d'Autriche,** 20 janvier 1666, médaille d'argent.

606. **Hommage rendu par le duc de Lorraine,** médaille d'argent, 1661.

607. **Promotion dans l'Ordre du Saint-Esprit,** médaille d'argent, par Mauger, 1662.

608. **Le Carrousel,** 1662, médaille d'argent, par Molart.

609. **Réception de Casimir, roi de Pologne,** 1664, médaille d'argent.

610. **Réforme de l'Ordre de Saint-Lazare,** médaille d'argent, 1672.

611. **Mariage du Grand Dauphin,** 7 mars 1680, médaille d'argent, par Roussel.

612. **Prières de la France pour la guérison du Roi,** 1686, médaille d'argent, par Ant. Meybusch.

613. **Prières de la France pour la guérison du Roi,** 1687, médaille d'argent.

614. **Festin offert au Roi par la Ville de Paris,** le 30 janvier 1687, pour célébrer sa guérison, médaille d'argent, par Mauger.

615. **Promotion dans l'Ordre du Saint-Esprit,** médaille d'argent, par Molart, 1689.

616. **Mariage du duc de Bourgogne avec Marie Adélaïde de Savoie,** 7 décembre 1697, médaille d'argent, par Roussel.

617. **Le Roi aux armées,** médaille d'argent.

618. **Mort du Roi,** 1er septembre 1715, médaille d'argent.

619. **Mort du Roi,** médaille de bronze, par J. Duvivier.

Vitrine II

ADMINISTRATION

I

620. **Le Roi,** médaillon fondu par Berthinet.

621. **Mazarin,** médaillon de bronze doré.

622. **Colbert** figuré par le dragon des Hespérides, médaille d'argent, par Roussel, 1674.

623. **La fureur des duels réprimée,** médaille d'or, par Roussel.

624. **Le bonheur de la France,** médaille d'or frappée par la Ville de Paris, 1672.

II

Administrations résidant a Paris.

625. **Embellissements de Paris,** médaille d'argent, par Molart (portes Saint-Martin et Saint-Denis).

626. **Trésor royal,** jeton d'or, 1672. Une abeille sur une fleur.

627. **Trésor royal,** jeton d'or, 1680. Le Roi-Soleil.

628. **Trésor royal,** jeton d'or, 1697. Un oranger : *In munera dives*.

629. **Trésor royal,** jeton d'or, 1702. La course d'Atalante.

630. **Trésor royal,** jeton d'or, 1708. Hercule terrassant le Taureau crétois.

631. **Trésor royal,** jeton d'or, 1712. Vulcain forgeant les armes d'Achille.

632. **Trésor royal,** jeton d'or, 1713. La forge de Vulcain.

633. **Trésor royal,** jeton d'or, 1714. Allégorie : **Charybde et Scylla.**

634. **Trésor royal,** jeton d'or, 1715. Le repos d'Hercule.

635. **Chambre aux deniers,** jeton d'argent, 1706. La moisson.

636. **Chambre aux deniers,** jeton d'argent, 1711. Le Roi-Soleil.

637. **Grand Conseil,** jeton d'argent, 1650. Le Roi à cheval.

638. **Grand Conseil,** jeton d'argent, 1662. Le Roi-Soleil.

639. **Administration des Parties casuelles** (redevances dues au Roi par les détenteurs d'offices non héréditaires), jeton d'or, 1664. Offrande à Dieu des biens de la Terre.

640. **Administration des Parties casuelles,** jeton d'or, 1697. Offrande aux dieux des biens de la Terre.

641. **Administration des Parties casuelles,** jeton d'or, 1699. Le pélican.

642. **Administration des Parties casuelles,** jeton d'or, 1701. Les semailles.

643. **Administration des Parties casuelles,** jeton d'or, 1712. Daphné changée en laurier.

644. **Administration des Parties casuelles,** jeton d'or, 1714. Bacchus et Ariane.

645. **Revenus casuels,** jeton d'or, 1680. Cerf renouvelant ses bois.

646. **Bâtiments du Roi,** jeton d'argent, 1690. Construction de l'église des Invalides.

647. **Bâtiments du Roi,** jeton d'argent, 1692. Minerve.

648. **Secrétaires du Roi,** jeton d'argent, 1705. Essaim d'abeilles autour du Soleil.

649. **Ordre du Saint-Esprit,** jeton d'argent, 1714. Le Saint-Esprit.

650. **Cour des monnaies,** jeton d'argent. La Monnaie.

651. **Jeton de Colbert,** contrôleur général des finances, argent, 1662.

652. **Jeton de Fouquet,** surintendant des finances, argent, 1654, avec l'écureuil et la devise· *Quo non ascendet?*

653. **Jeton de Nicolas Desmaretz,** contrôleur général des finances, argent, 1703.

654. **Jeton du duc de Noailles,** maréchal de France, argent.

655. **Jeton du duc de Créqui,** ambassadeur de France.

656. **Jeton du duc d'Antin,** directeur général des Bâtiments, cuivre.

657. **Jeton du duc de Saint-Simon,** ambassadeur de France, cuivre.

658. **Jeton de Guillaume de Lamoignon,** premier président du Parlement de Paris, argent, 1663.

659. **Jeton du marquis de Dangeau,** grand-maître de l'ordre de Saint-Lazare, or, 1701.

III

Les Serviteurs.

660. **Richelieu,** médaille d'or, par Jean Varin, 1631.

661. **Fouquet,** médaille de bronze, par Berthinet, 1665.

662. **Colbert,** médaille de bronze.

663. **Jean-Baptiste Colbert,** marquis de Châteauneuf et de Seignelay, médaille d'argent, frappée par Germain Le Large, maire de Bourges, 1686.

664. **Marc-René d'Argenson,** garde des Sceaux de France, médaille d'argent, par Jean Dassier.

665. **Michel Chamillart,** contrôleur général des finances, médaille d'argent, par Roussel.

666. **Le chancelier Séguier,** médaille de bronze, fondue.

667. **Le chancelier Boucherat,** médaille d'argent, 1686.

668. **Le chancelier d'Aligre,** médaille d'argent, 1675.

669. **Lamoignon,** médaille d'argent, par T. Bernard, 1679.

670. **Louis-François Lefèvre de Caumartin,** intendant de Champagne, médaille d'argent.

671. **Charles de Laubespine,** garde des Sceaux, médaille de bronze doré, 1653.

672. **N. de Launay,** secrétaire du Roi, et Magdeleine Ballin, sa femme, médaille de bronze.

673. **François de Waroquier,** trésorier de France, médaille de bronze, 1678.

674. **P. Perrault,** receveur général des finances de Paris, médaille de bronze, 1678.

675. **Antoine Ferrand,** échevin de Paris, médaille de bronze, 1686.

676. **Alexandre de Sève,** président au Parlement de Paris, médaille d'argent, 1661.

677. **Denis Talon,** avocat général au Parlement de Paris, médaille d'argent, 1663.

678. **Nicolas-Joseph Foucault,** intendant à Pau, médaille d'argent, 1685, frappée pour le rétablissement du catholicisme en Béarn.

679. **Alexandre de Bournonville,** gouverneur d'Artois pour l'Espagne, médaille d'argent.

680. **Ferréol de la Fage,** capitoul de Toulouse, médaille de bronze, fondue en 1692.

IV

Administrations provinciales.

681. **Pose de la première pierre de l'Hôtel de Ville de Lyon,** 5 septembre 1646, médaille d'argent.

682. **P. Mascrany,** seigneur de la Verrière, prévôt des marchands de Lyon, jeton d'argent, 1667.

683. **Jean Charrier,** baron de Sandran, prévôt des marchands de Lyon, jeton d'argent, 1672.

684. **P. de Masso,** seigneur de Plantin, prévôt des marchands de Lyon, jeton d'argent, 1674.

685. **Ville d'Amiens,** jeton d'argent.

686. **Ville de Péronne,** jeton d'argent, 1656. La Pucelle de Péronne : *Urbs nescia vinci.*

687. **Jacques Nicole,** maire de Chartres, jeton d'argent, 1697.

688. **Le duc de Luxembourg,** gouverneur de Normandie, jeton d'argent, 1709.

689. **Généralité de Rouen,** jeton d'argent, 1657.

690. **Ville de Rouen,** jeton d'argent, 1668.

691. **Ville de Rouen,** jeton d'argent, 1671.

692. **Ville de Rouen,** jeton d'argent, 1700. Installation de Philippe V en Espagne.

693. **Chambre des comptes de Rouen,** jeton d'argent, 1650.

694. **Louis de Faucon,** président au Parlement de Rouen, jeton d'argent.

695. **Les Trésoriers de France à Caen,** jeton d'argent, 1649.

696. **F. Poullain de la Forestrie,** maire d'Angers, jeton d'argent, 1707. Vue d'Angers.

697. **Isaac Toulée,** maire de Tours, jeton d'argent, 1653.

698. **François Lorido,** seigneur du Mesnil, maire de Nantes, jeton d'argent, 1667.

699. Claude Bidé, maire de Nantes, jeton d'argent, 1684.

700. Bénigne Boulier, maire de Dijon, jeton d'argent, 1674.

701. Parlement de Dijon, jeton d'argent, 1645.

702. Ville de Besançon, deux jetons de co-gouverneurs, 1665, bronze.

703. Besançon, jeton de Philippe IV d'Espagne, 1664, argent.

704. Intendance de Lorraine, de Barrois et des Trois Évêchés, jeton d'argent, 1661.

705. Chambre des comptes de Lorraine, jeton d'argent, 1662.

706. B. de Givry, échevin de Metz, jeton d'argent, 1677.

707. T. de Bérard, échevin de Metz, jeton d'argent, 1680.

708. Chambre des comptes de Bar, sous l'intendance de Colbert, sieur de Saint-Pouange, jeton d'argent, 1658.

709. Chambre de ville de Nancy, jeton d'argent, 1674. Vue de Nancy.

710. Ville de Strasbourg, jeton de bronze, 1681.

711. États de Bourgogne, jeton d'argent, 1651. Le Roi relevant la Bourgogne.

712. États de Bourgogne, jeton d'argent, 1653. La Bourgogne offrant une couronne au Roi.

713. États de Bourgogne, jeton d'argent, 1678. Le Labyrinthe.

714. États de Bretagne, jeton d'argent, 1705.

715. États de Languedoc, jeton d'argent, 1682.

716. Louis de Gonzague, duc de Nevers et Catherine de Clèves, jeton d'argent, 1688.

V

LE GOUVERNEMENT DU ROYAUME.

717. Louis XIV en Harpocrate, dieu du Silence, médaille d'argent, par R. Faltz. Le Secret des conseils.

718. Réforme des monnaies, médaille d'argent, 1651.

719. Réforme des monnaies, médaille d'argent, 1653.

720. Création de l'Hôpital général, médaille d'argent, par Bernard, 1656.

721. Présence continuelle du Roi aux conseils, médaille d'or, par Mauger, 1661.

722. Chambre de justice de 1661, médaille d'or.

723 Bonheur du royaume, 1663, médaille d'or..

724. **Les Grands jours de justice tenus en Auvergne,** médaille d'argent, par Mauger, 1665.

725. **Amendes levées sur les financiers prévaricateurs,** médaille d'argent, par Breton, 1666.

726. **Amendes levées sur les financiers prévaricateurs,** médaille d'or, 1666.

727. **Ordonnance pour la réforme de la justice,** 1667, médaille d'argent.

728. **Le Roi tient lui-même les sceaux de justice,** médaille d'argent, par Breton, 1672.

729. **Le Roi se condamnant dans sa propre cause,** médaille d'argent, 1682.

730. **Création de Saint-Cyr,** médaille d'or, par Bernard, 1687.

731. **Louis XIV sous la protection de la Vierge,** médaille de bronze, fondue en 1644.

732. **Anne d'Autriche sous la protection de la Vierge, de saint Augustin et de saint Fiacre,** médaille de bronze, fondue en 1644.

733. **Anne d'Autriche sous la protection de la Vierge et de saint Augustin,** médaille de bronze, fondue en 1644.

734. **Louis XIII le Juste et son fils,** médaille d'argent, fondue en 1644.

735. **Médaille d'huissier au Grand Conseil,** bronze doré.

VITRINE III.

LETTRES, SCIENCES ET ARTS

I

736. **Louis XIV,** par Berthinet, médaillon de bronze.

737. **Façade du Louvre,** au bord de l'eau, médaille d'argent, par Molart, 1673.

738. **Le Château de Versailles,** du côté du jardin, médaille d'argent, 1687.

739. **L'Orangerie de Versailles,** jeton d'argent, 1687.

740. **Bâtiments du Roi**, jeton d'argent, 1708.
La chapelle de Versailles.

741. **Trianon**, jeton d'argent, 1689.

742. **L'Hôtel des Invalides**, médaille d'or, par Roussel, 1675.

743. **Création de l'Académie royale de peinture et de sculpture à Paris et à Rome**, médaille d'argent, par Molart, 1647.

744. **Menus Plaisirs**, jeton d'argent, 1691.

745. **Bâtiments du Roi**, jeton d'argent, 1698. Minerve dirigeant les travaux.

746. **Bâtiments du Roi**, jeton d'argent, 1713. Apollon.

747. **Bâtiments du Roi**, jeton.

748. **Le Brun**, médaillon de bronze doré.

749. **Jules Hardouin-Mansart**, surintendant des Bâtiments du Roi, jeton de bronze, 1701.

II

HISTORIENS ET POÈTES LATINS.

750. **Fondation de l'Académie des Inscriptions et Belles-Lettres**, médaille d'argent, par Roussel, 1663.

751. **Académie des Inscriptions et Belles-Lettres**, jeton d'argent, 1706.

752. **Jean-Paul Bignon**, intendant du Cabinet des médailles du Roi, médaille d'argent, par T. Bernard.

753. **Le P. du Molinet**, médaille d'argent, par T. Bernard, 1687.

754. **H.-L. Habert de Montmaur**, médaille de bronze, par Boulemie.

755. **A. Félibien**, médaille de bronze, 1695.

756. **Jacques Vanière**, médaille de bronze doré, par Curé, pour le *Parnasse français*. Délices de la vie rurale.

757. **Santeuil**, médaille de bronze doré, par Curé, pour le *Parnasse français*.

758. **René Rapin**, médaille de bronze doré, par Curé, pour le *Parnasse français*.

759. **Alexandre Lainez**, médaille de bronze doré, par Curé, pour le *Parnasse français*.

760. **Jean Commire**, médaille de bronze doré, par Curé.

761. **Charles de la Rue**, médaille de bronze doré, par Curé.

III

Les Lettres.

762. **Le Roi en 1685**, médaille d'argent, par Molart.

763. **Protection donnée aux Belles-Lettres**, médaille d'or.

764-773. Le *Parnasse français*. Médailles en bronze doré, par S. Curé :

- **764**. **Corneille**.
- **765**. **Boileau**.
- **766**. **Ph. Quinault**.
- **767**. **Racine**.
- **768**. **Molière**.
- **769**. **La Fontaine**.
- **770**. **J.-B. Rousseau**.
- **771**. **Fontenelle**.
- **772**. **Oudart de la Motte**.
- **773**. **Titon du Tillet**, auteur du *Parnasse français*.

774. **Mme de La Fayette**, médaillon de bronze.

775. **Guillaume Bautru**, jeton d'argent, 1659.

776. **Bussy-Rabutin**, jeton d'argent, 1656.

777. **Charpentier**, doyen de l'Académie française, médaille de bronze 1688.

778. **L'Académie française installée au Louvre**, médaille d'argent, 1672.

779. **Académie française**, jeton d'argent, par Bérard, 1673.

780. **Académie française**, jeton d'argent, 1684.

781. **Prix de Poésie de l'Académie française**, médaille d'argent, 1685.

782. **Académie de Lyon**, 1700, jeton d'argent.

783. **Académie de Lyon**, 1700, jeton d'argent.

784. **Le Puy de Rouen**, médaille d'argent, par Lorfelin, offerte à la Régente, en 1644, par le prince du Puy des Palinods.

785. **Jeton de F. Raymbauld**, maire d'Angers, argent. Le collège d'Angers.

786. **Comédiens du Roi**, jeton d'argent, par Breton. Une ruche d'abeilles.

787. **Sébastien Cramoisy**, imprimeur du Roi, jeton de bronze, 1643.

IV

Les Sciences

788. Descartes, médaille d'argent, par Jan Smeltzing, frappée en Hollande, après la mort de l'écrivain.

789. Antoine Morand, doyen de la Faculté de médecine de Paris, jeton d'argent, 1664.

790. Jacques Perreau, doyen de la Faculté de Médecine de Paris, jeton d'argent.

791. Claude Quartier, doyen de la Faculté de Médecine de Paris, jeton d'argent, 1681.

792. Théophraste Renaudot, jeton d'argent, par Du Four, 1665.

793. Fagon, médecin du Roi, jeton d'argent, 1696.

794. Antoine Le Moine, doyen de la Faculté de Médecine de Paris, jeton d'argent, 1678.

795. Gui Patin, doyen de la Faculté de Médecine de Paris, jeton d'argent, 1648.

796. Corporation des Chirurgiens de Paris, jeton d'argent, 1651. Jardinier taillant un arbre.

797. Corporation des Chirurgiens de Paris, jeton d'argent, 1691. L'amphithéâtre de la rue de l'École-de-Médecine.

798. École de chirurgie, jeton d'argent, 1690.

799. Fondation de l'Académie des Sciences, médaille d'argent, par Roussel, 1667.

800. Académie des Sciences, jeton d'argent, 1706.

801. Construction de l'Observatoire, médaille d'argent, 1667.

802. Découverte des satellites de Saturne, 1686, médaille d'argent.

V

Les Arts

803. Protection accordée aux Arts, médaille d'or, par T. Bernard, 1664.

804. Charles Le Brun, médaille d'argent, par T. Bernard, 1684.

805. Charles Le Brun, médaille d'argent, par F. Chéron.

806. Nicolas Coypel, médaille d'argent, fondue par Chéron.

807. Pierre Coysevox, médaille de bronze fondue en 1682 par Th. Bernard.

808. Mignard, médaille d'argent fondue par F. Chéron, 1682.

809. Charles Errard, directeur de l'Académie de France à Rome, médaille d'argent frappée à Rome, 1671.

810. Everard Jabach, collectionneur, jeton d'argent, 1665.

811-816. Musiciens. Médailles en bronze doré de la série du *Parnasse français*, par S. Curé :

- **811. Lully.**
- **812. Campra.**
- **813. Destouches.**
- **814. Delalande.**
- **815. Élisabeth-Claude Jaquet de la Guerre.**
- **816. Marin Marais.**

817. Le Louvre, projet de façade, médaille d'argent, 1667.

818. Nettoyage et éclairage de Paris, médaille d'argent, par Hupière, 1669.

819. Nouveau pavage de Paris, par Nilis, médaille d'argent, 1669.

820. Arc de Triomphe élevé place du Trône, pour la conquête de la Franche-Comté, médaille d'argent, 1670.

821. Construction du Pont-Royal, médaille de bronze, 1685.

822. Décoration du vœu de Louis XIII dans le chœur de Notre-Dame, médaille d'argent, par Roussel, 1699.

823. Décoration du vœu de Louis XIII au Val-de-Grâce, médaille d'or, 1714.

824. Bâtiments du Roi, médaille d'argent, 1678. Ruche d'abeilles.

825. Bâtiments du Roi, médaille d'argent, 1679. Alcyon construisant son nid.

826. Bâtiments du Roi, médaille d'argent, 1668.

Vitrine IV

GUERRE ET DIPLOMATIE

I

827. Portrait du Roi, médaillon de bronze, fondu par Berthinet, 1671, avec la légende :

> Qu'avons-nous fait, ma main, quelle métamorphose !
> Au lieu de peindre Mars nous avons peint Louis.
> Quoy donc ! tous nos projets sont-ils évanouis ?
> Non, non, Louis et Mars sont une même chose.

828. Le Grand Condé, médaille d'argent fondue par F. Chéron, 1678.

829. Turenne, médaille d'argent, par T. Bernard, 1683.

830. Schomberg, médaille de bronze, 1690.

831. Villars, médaille de bronze, par J Duvivier, 1714.

832. Les Plénipotentiaires espagnols reconnaissent le droit de préséance de la France, médaille d'argent, par T. Bernard, 1662.

833. Le Roi commandant l'exercice de ses mousquetaires, médaille d'argent, par T. Bernard, 1665. *Prolusio ad victorias.*

II ET III

LES GUERRES

834. La Paix préparée par les armes, médaille d'argent.

835. Prise de Tournai et de Courtrai, médaille d'or, 1667.

836. Victoire de Rocroy, 1643, médaille d'argent.

837. Victoire de Fribourg, 1644, médaille d'argent.

838. Victoire de Nordlingen, 1645, médaille d'argent.

839. Victoire de Lens, 1648, médaille d'argent, par Molart.

840. Victoire de Rethel, 1650, médaille d'argent, par Meybusch.

841. Victoire des Dunes, 1658, médaille d'argent, par T. Bernard.

842. Conquête en dix jours de la Franche-Comté, 1668, médaille d'argent.

843. Passage du Rhin, 1672, médaille d'argent.

844. Prise de quatre villes en Hollande. 1672, médaille d'or, par Mauger.

845. Conquête de la Hollande, 1672, médaille d'or, par Roussel.

846. L'Électeur de Brandebourg repoussé du Rhin jusqu'à l'Elbe, médaille d'argent, par Mauger, 1673.

847. Rupture des digues en Hollande, 1673, médaille d'argent, par Aury et Berthinet. Neptune : *Quas condidit eruit arces.*

848. Deuxième conquête de la Franche-Comté, 1674, médaille d'or.

849. Prise de Besançon, 1674, médaille d'or, par Roussel.

850. Prise de Dinant et d'Huy, 1675, médaille d'argent, par Mauger.

851. Prise de Cambrai, 1677, médaille d'or. *Metus finium sublatus.*

852. Victoire de Cassel, 1677, médaille d'or.

853. Établissement des compagnies de cadets-gentilshommes, 1682, médaille d'argent, par T. Bernard.

854. Prise de Luxembourg, 7 juin 1684, médaille d'or.

855. Prise de Philippsbourg, 1688, médaille d'or, par Roussel.

856. Le Dauphin présente au Roi des couronnes murales symbolisant les villes qu'il a prises en Allemagne, 1688, médaille d'or, par Mauger.

857. Victoire de Fleurus, 1690, médaille d'or, par Molart.

858. Victoire de Fleurus et de Staffarde, 1690, médaille de bronze, par Roussel.

859. Victoire de Staffarde, 1690, médaille d'or, par Mauger. Le duc de Savoie vaincu : *Infidelis Allobrox profligatus*.

860. Conquête de la Savoie, 1690, médaille d'or, par Molart.

861. L'Église des Invalides, décorée des cent-quarante-sept drapeaux pris à Fleurus et à Leuze, 1690-1691, médaille d'or.

862. Prise de Mons, 1691, médaille d'or.

863. Victoire de Leuze, 1691. Exploits de la garde du Roi, médaille d'or, par Mauger.

864. Victoires en Flandres et dans le Niçois, médaille d'or, par Nilis, 1691.

865. Prise de Namur, 1692, médaille d'or, par Mauger.

866. Reddition de Namur, 1692, médaille d'or.

867. Médaille frappée par la ville de Namur et offerte au Roi qui l'a préservée du pillage, 1692. Or.

868. Victoire de Steinkerque, 1692, médaille d'or, par Mauger.

869. Victoire de Steinkerque, 1692, médaille d'or, par Mauger.

870. Création de l'Ordre de Saint-Louis, 1693, médaille d'argent, par Mauger.

IV

La Paix.

871. Alliance avec les Suisses catholiques, 1643, médaille d'argent,

872. Paix de Münster, 1648, médaille d'argent. *Libertas germanica*.

873. Paix d'Aix-la-Chapelle, 1668, médaille d'argent.

874. Alliance avec la Hollande, 1666, médaille d'argent.

875. Traité avec l'Électeur de Cologne, médaille d'argent, par Aury, 1666. *Germania servata*.

876. **La Paix sur les frontières du Nord,** médaille d'or, 1677. Vue de Cambrai : *Dulcius vivimus.*

877. **Restitution de la Franche-Comté aux Espagnols,** 1668, médaille d'or.

878. **Paix du Nord,** 1679, médaille d'argent.

879. **Réunion de Strasbourg,** 1681, médaille d'or, par T. Bernard.

880. **Réunion des villes impériales d'Alsace,** médaille d'or. *Fides Alsatiae.*

881. **Remise aux Espagnols des indemnités de guerre qu'ils devaient,** 1684, médaille d'or, par Roussel.

882. **Trêve avec l'Espagne et l'Empire,** 1684, médaille d'argent.

883. **Excuse portée à Versailles par le doge de Gênes,** 1685, médaille d'or.

884. **Ambassade du roi de Siam,** 1686, médaille d'argent, par Mauger.

885. **Protection donnée aux Stuarts,** 3 médailles d'or, 1688.

886. **Paix de Rijswick,** 1697, médaille d'argent, par Roussel.

887. **Paix de Rijswick,** 1697, médaille d'argent.

888. **Paix de Rijswick,** 1697, médaille d'argent, par Roussel.

889. **Renouvellement de l'alliance avec les Suisses catholiques,** 1715, médaille d'or.

V

Les places fortes.

890. **Fortifications de Dunkerque,** 1671, médaille d'argent,

891. **Fortifications d'Huningue,** médaille d'argent, par Hupière, 1680.

892. **Fondation de Sarrelouis,** 1683, médaille d'or.

893. **Fortifications de Strasbourg,** 1683, médaille d'or. *Clausa Germanis Gallia.*

894. **Fortifications de Neuf-Brisach,** 1699, médaille d'argent.

895. **Fortifications de Marseille,** médaille d'argent.

896. **Philippsbourg occupé,** médaille d'argent.

897. **Maximilien Titon,** directeur de l'Arsenal de Paris, 1705, médaille de bronze, par Roussel.

VITRINE V

MARINE, COMMERCE, COLONIES

I

898. **César, duc de Vendôme,** grand-maître, chef et **surintendant** général de la navigation et du commerce, médaille **d'argent**, **par** Lorfelin.

899. **Jean Bart,** médaille d'argent.

900. **Restauration de la marine,** médaille d'or, par Mauger. *Splendor rei navalis.*

901. **Soixante mille matelots levés et entretenus,** médaille d'or, 1680.

902. **Punition des corsaires barbaresques,** 1684, médaille d'argent, par Chéron. *Africa supplex.*

903. **Quarante galères construites à Marseille,** 1688, médaille d'or. *Assertum maris mediterranei imperium.*

904. **Quinze galères lancées sur l'Océan,** 1690, médaille d'or. *Portuum securitas.*

905. **Marques d'honneur accordées aux pilotes et aux matelots,** médaille d'or, par Mauger, 1692.

II, III ET IV

LE COMMERCE, LES COLONIES

906. **F. de Lévis de Dampville,** vice-roi du Canada, médaille d'argent, par Hardy, 1658.

907. **Défaite des pirates algériens par Beaufort,** 1663, médaille d'argent.

908. **Etablissement de la colonie de Madagascar,** 1665, 2 médailles d'argent.

909. **Ouverture du canal du Midi,** 1667, médaille d'argent.

910. **Ouverture du canal du Midi,** médaille d'argent, 1667.

911. **Progrès de la marine,** 1667, médaille d'argent.

912. **Victoire navale du comte d'Estrées sur les Hollandais et les Anglais, dans la Manche,** 1672, médaille d'or.

Nos 563, 623, 832, 900

L'ASSIDUITÉ DU ROI AUX CONSEILS.
LA RÉPRESSION DES DUELS. — L'EXCUSE DES ESPAGNOLS.
LA RESTAURATION DE LA MARINE.

Médailles.

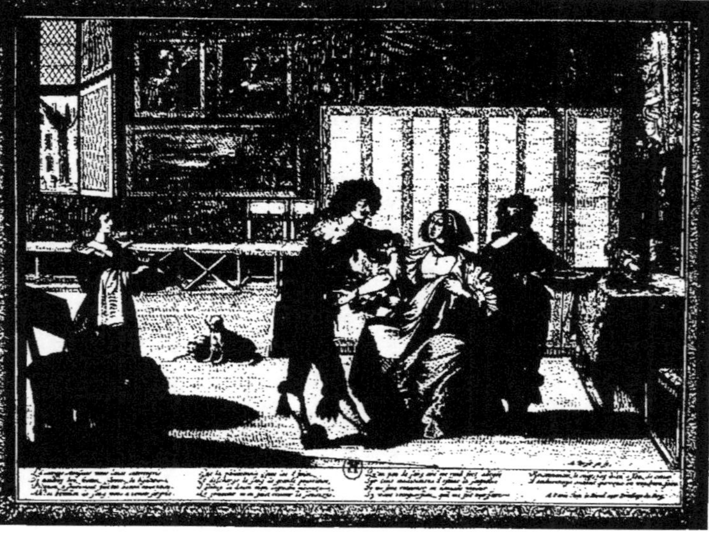

N° 1149

La Saignée.
Gravure d'Abraham Bosse

913. **Construction de greniers et d'entrepôts**, médaille d'argent, par Molart, 1672.

914. **Défaite des Hollandais, commandés par Ruyter, à la Martinique**, 1674, médaille d'or.

915. **La Flotte hollandaise n'ose faire une descente sur les côtes de France**, 1674, médaille d'argent.

916. **Reprise de la Guyane sur les Hollandais**, 1676, médaille d'or.

917. **Prise de Tabago par le maréchal d'Estrées**, 1677, médaille de bronze.

918. **Le Canal du Midi arrive à Cette**, 1681, médaille d'argent.

919. **Défaite des pirates par Duquesne à Chio**, 1681, médaille de bronze.

920. **Défaite des pirates par Duquesne à Chio**, 1681, médaille d'or, par R. Faltz.

921. **Bombardement d'Alger et délivrance des captifs chrétiens**, 1682, médaille d'argent.

922. **Délivrance de Québec**, 1690, médaille de bronze.

923. **Prises faites par les armateurs français de Saint-Malo et de Dunkerque**, 1695, médaille d'or.

924. **Greniers à sel établis à Rouen**, 1714, médaille d'argent.

925. **Refrappe d'une médaille** trouvée chez les descendants d'un chef huron qui l'aurait reçue en récompense : *Honos et decus*.

926-937. **Prévôts des marchands de Paris**, jetons d'argent :

- **926.** Macé Le Boulanger, 1644.
- **927.** Gérôme Le Féron, 1647.
- **928.** Antoine Le Febvre, 1651.
- **929.** Antoine Le Febvre, 1654.
- **930.** Alexandre de Sève, 1655.
- **931.** Alexandre de Sève, 1662.
- **932.** Claude Le Pelletier, 1673.
- **933.** Claude Le Pelletier, 1675.
- **934.** Claude Le Pelletier, 1676.
- **935.** Auguste de Pomereu, 1683.
- **936.** Claude Bosc, 1698.
- **937.** Claude Bosc, 1700.

938-941. **Échevins de Paris**, jetons d'argent :

- **938.** Jean Rousseau, 1656.

939. Claude de Santeul.

940. François Le Foing.

941. N. Picque.

942. **Les six corps des marchands de Paris**, jeton d'argent.

943. **Les six corps des marchands de Paris**, 1701, jeton d'argent.

944. **Drapiers de Paris**, 1653, jeton d'argent. — Autre, 1698.

945. **Drapiers de Paris**, 1698, jeton de cuivre.

946. **Drapiers de Paris**, 1705, jeton de plomb.

947. **Marchands de vin de Paris**, jeton d'argent.

948. **Marchands de vin du Roi**, 1650, jeton d'argent.

949. **Confrérie des marchands de vin**, 1682, jeton de cuivre.

950. **Restaurateurs-pâtissiers**, 1653, jeton d'argent.

951. **Vendeurs de volailles**, 1709, jeton d'argent.

952. **Épiciers et apothicaires**, 1710, jeton de cuivre.

953. **Autre**, 1646, argent.

954. **Autre**, 1706, bronze.

955. **Chargeurs de vin de Paris**, 1691, jeton de cuivre.

956. **Peintres-verriers**, 1715, jeton de bronze.

957. **Garde-bateaux et metteurs à port**, 1691, jeton d'argent : *Je renferme les espérances de plusieurs*.

958. **Marchands teinturiers de bon teint**, jeton de cuivre.

959. **Messieurs les vendeurs de poisson de mer**, jeton de cuivre.

960. **Marchands maîtres-tailleurs**, 1714, jetons de cuivre.

961. **Brodeurs et chasubliers**, 1704, jeton d'argent. — Le même (revers).

962. **Merciers de Paris**, 1647, jeton d'argent.

963. **Merciers de Paris**, 1704.

964. **Orfèvres de Paris**, 1700, jeton d'argent.

965. **Mouleurs de bois**, 1711, jeton de cuivre.

966. **Manufacture de souliers de l'Hôtel des Invalides**, 1712, jeton de cuivre.

967. **Chevalier de l'Arquebuse de Paris**, 1705, jeton de bronze.

968. **Chambre des assurances**, jeton d'argent.

969. **Juges-consuls de Paris**, 1660, jeton d'argent.

970-971. **Juges-consuls de Paris**, 1697, jeton d'argent et jeton de cuivre.

972. Agents de change de Paris, 1674, jeton d'argent.

973. Notaires de Paris, 1671, jeton d'argent.

974. Autre, sans date.

975. Contrôle des actes des notaires, 1715, jeton de cuivre.

976. Monnayers de la Monnaie de Paris, 1653, jeton d'argent.

977. Autre, sans date.

978-979. Chambre de commerce de Lyon, 2 jetons de cuivre, 1705, 1708.

980. Notaires de Lyon, 1715, jeton de cuivre.

981-982. Communauté des Marchands fréquentant la rivière de Loire, 1653, jeton d'argent et jeton de bronze.

983. Apothicaires et épiciers de Rouen, jeton de cuivre.

984-986. Chambre de Commerce de Rouen, 3 jetons d'argent : 1703, 1707, 1712.

987. Chambre d'assurances de Rouen, jeton de cuivre.

988. Réunion des marchands de Rouen, 1706, jeton de cuivre.

989-990. Juges-consuls de Rouen, 1712, 2 jetons d'argent.

991. Le duc de Vendôme, surintendant de la navigation, 1661, jeton d'argent.

992. Le comte de Vermandois, amiral de France, 1671, jeton d'argent.

993-1000. Jetons de la Marine.

1675, 1679, 1683, 1690, 1695, 1700, 1703, 1704.

1001-1010. Jetons des Galères.

1690, 1693, 1700, 1702, 1705, 1706, 1707, 1707, 1709, 1713.

V

La guerre sur mer.

1011. Victoire de Carthagène, 1643, médaille d'argent.

1012. Création du port de Cette, 1666, médaille d'or.

1013. Secours porté à Messine, 1675, médaille d'argent, par Mauger.

1014. Victoire de Stromboli, 1676, médaille d'or, par Meybusch.

1015. Victoire de Stromboli, 1676, autre médaille d'or.

1016. Prise de Tabago, 1677, médaille d'or.

1017. Bombardement de Gênes, 1684, médaille d'argent, par F. Chéron

1018. Victoire du cap Beachy, 1690, médaille de plomb.

1019. Victoire du cap Beachy, 1690, médaille d'or.

1020. Autre médaille, plus grande.

1021. Victoire de Tourville au détroit de Gibraltar, 1693, médaille d'argent.

1022. Même sujet, médaille d'or.

1023. Victoire de Jean Bart au Texel, 1694, médaille d'or.

1024. Défaite des Anglais à Brest, 1694, médaille d'argent, par Roussel.

1025. Prise de Palamos, 1694, médaille de bronze.

1026. Victoire du comte de Toulouse à Malaga, 1704, médaille d'argent, frappée sous la Restauration.

VITRINE VI.

RELIGION

I

1027. Le Roi très chrétien, médaille d'argent.

1028. Le Roi très chrétien, médaille d'argent, par Antonio Travani, graveur pontifical.

1029. Le Cardinal de Bouillon, médaille de bronze, 1700.

1030. Armand-Jean de Rancé, abbé de la Trappe, médaille de bronze, par F. Chéron, 1693.

1031. Armand-Jean de Rancé, abbé de la Trappe, médaille de bronze, 1695.

1032. Hyacinthe Serroni, premier archevêque d'Albi, médaille d'or, par Clérion, 1678.

1033. François de Valbelle, évêque de Saint-Omer, médaille de bronze, par M. Rög.

1034. Pierre Jurieu, médaille d'argent, 1687.

1035. N. Boucot du Colombier, médaille de bronze, par Cl. Martin.

1036. Claude Brisbart, prieur des Vaux de Cernay, médaille de bronze.

1037. Le P. Quesnel, médaille de bronze.

1038. Le Cardinal de Noailles, archevêque de Paris, médaille d'argent, 1664, par Roussel.

1039. **Excuse du pape pour l'attentat de sa garde corse contre l'ambassadeur de France, le duc de Créqui,** 1664, médaille d'argent (Pyramide élevée à Rome en réparation de l'attentat).

1040. **Excuses du légat du pape pour l'attentat des Corses,** 1664, médaille d'argent.

1041. **Destruction par ordre du Roi de la Pyramide** élevée à Rome après l'attentat des Corses, 1668 (voir les nos 1039 et 1040), médaille d'argent.

1042. **La Paix de l'Eglise,** 1669 (essai de concorde dans la querelle des Jansénistes), médaille de bronze et médaille d'argent.

1043. **Le Roi, champion de la Religion,** médaille d'argent, par Hamerani, 1673.

1044. **Rétablissement du culte catholique à Strasbourg,** 1681, médaille de bronze, par Molart.

1045. **Pose de la première pierre du séminaire des Missions étrangères à Paris,** 1683, médaille d'argent, par Breton.

1046. **Destruction des temples calvinistes dans les villes d'évêchés,** 1685, médaille d'argent.

1047. **Révocation de l'Édit de Nantes,** 1685, médaille de bronze, par Molart.

1048. **Révocation de l'Édit de Nantes,** 1685, médaille d'or, par Mauger. Reproduction d'une statue élevée par Dubois-Guérin.

1049. **Révocation de l'Édit de Nantes,** 1685, « *une foi, une loi, un roi* », médaille d'argent, par Smeltzing.

1050. **Arrêt du Parlement annulant la bulle du pape sur les franchises,** médaille d'or, par Molart, 1688. La Justice et la Religion entourant le trône royal : *Hinc suprema lex.*

1051. **Conversion des calvinistes,** médaille d'argent.

1052. **Construction de trois cents églises,** médaille d'argent, par Molart.

II

1053. **Pose de la première pierre du portail de Sainte-Catherine-la-Couture,** de Paris, 1659, médaille fondue, en bronze.

1054. **Le Cardinal de Richelieu,** jeton d'argent.

1055. **Le Cardinal Mazarin,** 1651, jeton d'argent.

1056. **Le Cardinal Mazarin,** 1660, jeton d'argent.

1057. **François de Harlay**, archevêque de Paris, 1683, jeton d'argent.

1058. **Anne de Lévis**, archevêque de Bourges, 1655, jeton d'argent.

1059. **Joseph de Montpezat**, évêque de Saint-Papoul, 1666, jeton d'argent.

1060. **F. Bochart de Saron**, évêque de Clermont, 1693, jeton de cuivre.

1061. **Le Cardinal Barberini**, grand aumônier de France, 1656, jeton d'argent.

1062. **Fénelon**, médaille de bronze. Au revers, portrait de Jansénius.

1063. **François Fouquet**, évêque d'Agde, 1654, jeton d'argent.

1064. **Le Cardinal de Gesvres**, archevêque de Bourges, 1694, jeton de bronze.

1065. **Michel Poncet**, archevêque de Bourges, 1676, jeton d'argent.

1066. **Michel Phelypeaux de la Vrillière**, archevêque de Bourges, 1680, jeton d'argent.

1067. **Camille de Neuville de Villeroi**, archevêque de Lyon, 1676, jeton de cuivre.

1068. **François de Harlay**, archevêque de Paris, jeton d'argent.

1069. **Le P. La Chaise**, confesseur du Roi, 1690, médaille de plomb.

1070. **Le P. Barré**, des Bénédictins de Saint-Germain-des-Prés, 1665, médaillon de bronze.

1071. **Le Fr. Joseph Suzanne**, des Récollets, 1709, médaillon de bronze, par Dubut.

1072. **Louis de la Vergne de Montenard de Tressan**, évêque du Mans, médaillon de bronze.

1073. **Le Diacre Paris**, médaillon en soufre.

1074. **Réparation de Sainte-Catherine du Val des Écoliers** de Paris, 1661, médaillon de bronze.

1075. **Jubilé de l'église primatiale Saint-Jean de Lyon**, 1666, médaille de bronze.

1076. **Fête chez les jésuites de Lyon**, en 1667, médaillon de bronze.

1077. **Chapitre de Notre-Dame de Paris**, deux jetons d'argent, 1646, et s. d.

1078-1085. **Assemblée du clergé de France**, jetons.

1656 argent, 1665 argent, 1670 argent, 1675 argent, 1685 argent, 1705 argent, 1710 bronze, 1715 argent.

1086. **Saint-Barthélemy en la Cité** de Paris, 1700, jeton de cuivre.

1087. **Paroisse Saint-Eustache** de Paris, 1688, jeton d'argent.

1088. **Abbaye Sainte-Geneviève** de Paris, 1666, jeton d'argent.

1089. **Saint-Germain-le-Vieux** de Paris, 1679, jeton d'argent.

1090-1094. **Les marguilliers de Saint-Germain-l'Auxerrois** de Paris, jetons d'argent.
1683 (deux), 1684, 1686 (deux), 1687, 1688.

1095-1096. **Saint-Jacques la Boucherie** de Paris, 2 jetons d'argent, 1688 et s. d.

1097-1100. **Les marguilliers de Saint-Roch** de Paris, jetons d'argent, 1683, 1684, 1685, 1686.

1101. **Hôtel-Dieu** de Paris, jeton d'argent.

1102. **Hôpital de la Trinité** de Paris, 1668, jeton de cuivre.

1103. **Société Saint-Michel**, 1708, jeton de cuivre.

1104. **Eglise de Chartres**, 1669, jeton de bronze.

1105. **Confrérie Notre-Dame**, à la cathédrale de Rouen, 1712, jeton de bronze.

Vitrine d'Applique

LOUIS XIV AMATEUR ET COLLECTIONNEUR

Camées antiques

Les montures de ces camées, en or émaillé, ont été exécutées pour le Cabinet du Roi. Certaines d'entre elles doivent être attribuées à Josias Belle, orfèvre du Roi.

1106. **Apothéose de Germanicus**, camée sur sardonyx à trois couches. Acquis de l'abbaye de Saint-Evre de Toul, par Louis XIV, en 1684, au prix de 7000 livres.

1107. **Alexandre**, camée sur agate cendrée.

1108. **Auguste**, camée sur sardonyx à deux couches.

1109. **Claude et Messaline** dans un char traîné par des dragons, camée sur sardonyx à trois couches.

1110. **Messaline avec ses enfants**, Britannicus et Octavie, camée sur sardonyx à trois couches. Dès 1664, ce camée était dans la collection du Roi, où il fut dessiné par Rubens.

1111. Claude, camée sur agate-onyx à trois couches.

1112. Drusus l'ancien, camée sur agate-onyx.

1113. Agrippine la jeune, camée sur sardonyx.

1114. Vénus au bain, camée sur sardonyx à deux couches.

1115. Hermès, camée sur sardonyx.

Objets divers

1116-1117. Deux tablettes renfermant des monnaies d'or de l'empire romain.

Ces tablettes, en maroquin plein, gravé aux armes royales, sur fond de velours vert, ont été exécutées pour contenir les séries de monnaies du Cabinet du Roi. La matière en venait du Maroc, par suite de conventions spéciales passées avec le sultan Moulay Ismaïl.

1118. Deux baguettes d'or. Ces baguettes ont été faites à l'usage du Roi, qui s'en servait à Versailles lorsqu'il consultait ses médailliers, pour tirer les monnaies de leurs alvéoles.

1119-1120. Deux tablettes renfermant des médailles de l'*Histoire métallique* (petit module). L'institution de l'Histoire métallique, réunion de médailles frappées pour commémorer les événements du règne, fut résolue par le Roi et Colbert, dès 1662. L'Académie des Inscriptions et Belles-Lettres fut fondée, en 1663, à l'effet d'en préparer la réalisation. La mise en œuvre ne date guère que de la nomination de Nicolas de Launay à la charge de directeur du Balancier des médailles, en 1696. Deux séries furent frappées : la *Grande Histoire* du module de 30 lignes, la *Petite Histoire* du module de 18 lignes. Les métaux employés furent l'or, l'argent, le bronze et le bronze verni et doré. Voir au n° 33 la publication faite à ce sujet en 1702.

1121. Portraits de Louis XIV à différents âges, par Antoine Benoist.

Ces gouaches sur parchemin montées dans un cadre de bronze doré, sur fond bleu lapis, ont été exécutées pour servir de modèles aux graveurs de l'*Histoire métallique*. Antoine Benoist était un modeleur de cire, c'est à lui que l'on doit le portrait du Roi, exposé à Versailles dans la chambre à coucher de Louis XIV. (Voir aussi le n° 36.)

1122. Portraits de différents personnages de la famille royale, par Antoine Benoist.

Ce cadre de miniatures fait pendant au précédent.

COINS ET POINÇONS DE MÉDAILLES

(prêtés par l'Administration des Monnaies et Médailles)
Directeur : M. Formery.

1123. Louis XIV, poinçon.
1124. Louis XIV casqué, par François Varin, coin de la médaille n° 558.
1125. Occupation de Madagascar, coin de la médaille n° 908.
1126. Victoire du cap Beachy, poinçon de la médaille n° 1019.
1127. Colbert, par Bernard, coin.
1128. Répression des duels, poinçon et coin de la médaille n° 623.
1129. Fondation de Saint-Cyr, coin de la médaille n° 730.
1130. Le Pont-Royal, coin, par Molart.
1131. Statue de la Place des Victoires, coin de la médaille n° 566.
1132. Attributs du Chancelier, coin.
1133. Embellissements de Paris, coin de la médaille n° 625.

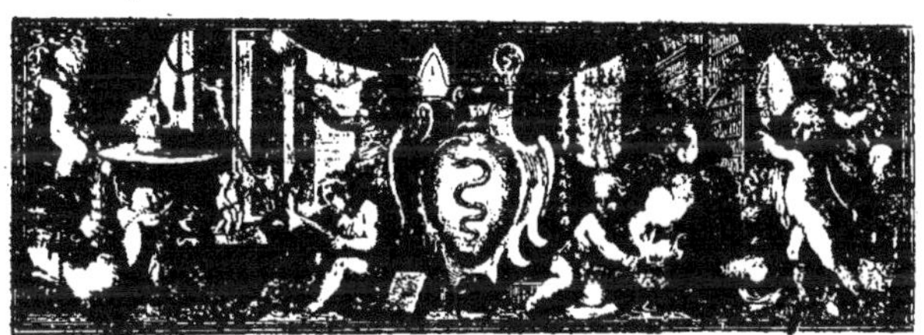

V

ESTAMPES ET DESSINS

ESTAMPES [1]

CALLOT (JACQUES), 1592-1635.

1134. La grande chasse. Gravure originale à l'eau-forte. H. 0,194 × L. 0,463. M. 711 ; L. 353, 1er état. — Est. Ed. 25 l. Réserve.

Pièce exécutée pendant la période florentine de la vie de l'artiste. Selon M. Lieure, le paysage représenterait probablement les environs du bourg de Signa, non loin de Florence. A gauche, se dresse la colline d'Artimino, où les Médicis possédaient un château.

1135. L'Impruneta. Gravure originale à l'eau-forte. H. 0,387 × L. 0,671. M. 625; L. 478, 1er état. — Est. Ed. 25.

Callot a gravé deux fois cette planche, la première fois en Italie, la seconde fois en France. Lorsqu'il fut revenu à Nancy, cette

1. Le classement adopté est l'ordre chronologique des gravures.

estampe était en effet tellement demandée qu'il se décida à entreprendre encore une fois ce travail considérable.

Une grande foire avait lieu aux environs de Florence au village de l'Impruneta, le 18 octobre. Ce pittoresque sujet tenta la verve de Callot, qui prit sur place un plein carnet de petits croquis, admirables de facilité, d'esprit et d'élégance, aujourd'hui conservés au Musée des Offices de Florence. Avec ces croquis, Callot composa un chef-d'œuvre, dans lequel un amateur de statistique s'est amusé à compter 1138 figures humaines, 45 chevaux, 67 ânes et 137 chiens (Lieure).

1136. La foire de Gondreville. Gravure originale à l'eau-forte. H. 0,180 × L. 0,330. M. 623; L. 561, 2e état. — Est. Ed. 25 l. Réserve.

Cette pièce s'appelle aussi le *Jeu de boules*, le *Bal champêtre* et la *Petite foire*. En réalité, il s'agit d'un divertissement de paysans. La scène se passe à Gondreville, petit village lorrain.

1137. Le parterre de Nancy. Gravure originale à l'eau-forte. H. 0,241 × L. 0,386. M. 622; L. 566, 1er état. — Est. Ed. 25 l. Réserve.

Cette estampe représente le parterre du palais ducal de Nancy, sur l'emplacement duquel se trouve actuellement le jardin de la Préfecture. Au premier plan, Charles IV, duc de Lorraine et sa femme Nicole regardent les joueurs de ballon.

1138. Le Louvre. Gravure originale à l'eau-forte. H. 0,159 × L. 0,334. M. 713; L. 667, 2e état. — Est. Ed. 25 l.

L'une des plus intéressantes et en même temps l'une des plus pittoresques vues du Paris de Louis XIII. A gauche, la porte de la tour de Nesle. A droite, la moitié de la façade du Louvre sur la rivière, seule construite à cette époque, la grande galerie du Louvre terminée par le *gros pavillon des Tuileries*, pour employer l'expression de Gomboust, aujourd'hui le pavillon de Flore, et la tour de la Porte Neuve.

1139. Le Pont-Neuf. Gravure originale à l'eau-forte. H. 0,158 × L. 0,335. M. 714; L. 668, 2e état.

Pendant de la pièce précédente. Les deux réunies s'appellent les ***deux grandes vues de Paris***. La tour de Nesle occupe le milieu de l'estampe. A droite, on voit la porte du même nom et l'origine du fossé bordant l'enceinte de la rive gauche. Dans le fond, le Pont-Neuf et les deux maisons d'angle de la place Dauphine sont déjà tels que nous les voyons encore aujourd'hui. Au fond, Notre-Dame et la Tour Saint-Jacques. Près de la seconde arche du Pont-Neuf, du côté de la rive droite, on aperçoit un bâtiment sur pilotis : c'était la pompe de la Samaritaine.

BREBIETTE (Pierre), 1598-1650 (?).

1140. La Fortune. Gravure à l'eau-forte d'après Claude Vignon. H. 0,257 × L. 8,204.

MELLAN (Claude), 1598-1688.

Célèbre graveur au burin, le spécialiste des tailles parallèles.

1141. Portrait de Peiresc. Gravure au burin. H. 0,215 × L. 0,142. A. de Montaiglon, 223. — Est. N².

Passant par la ville d'Aix, à son retour d'Italie, Mellan y fut retenu par Peiresc, collectionneur notoire, dont il grava le buste. Telle est l'origine de ce beau portrait qui a pour pendant le portrait de Gassendi, ami personnel de Peiresc (voir la notice suivante).

1142. Portrait de Gassendi. Gravure au burin. H. 0,208 × L. 0,133. A. de Mont., 189. — Est. N².

Ce portrait a été gravé en même temps que celui de Peiresc, c'est-à-dire vers la fin de l'année 1636. Gassendi, célèbre philosophe et astronome, était alors prévôt de l'église de Digne et fréquentait assidûment Peiresc, avec lequel il fit notamment des expériences concernant l'anatomie.

1143. Portrait de Henriette-Marie de Buade-Frontenac, épouse de Henri-Louis Habert de Montmort. Gravure au burin. H. 0,340 × L. 0,230 (dimensions prises du témoin). A. de Mont., 247, 2e état. — Est. N².

L'épouse du maître des requêtes est représentée sous les traits d'une jeune et jolie personne attentive à suivre les lois de la mode. Vers 1641, en effet, date qui figure au-dessous du portrait, les femmes couronnaient leur coiffure d'une torsade de cheveux, qu'on appelait un *rond*; sur les côtés, pendaient les *bouffons*.

GELLÉE (Claude), dit le Lorrain, 1600-1682.

Le grand peintre de la lumière négligea parfois les chaudes couleur de sa palette pour essayer d'exprimer, avec les ressources restreintes du noir et du blanc, les transparences de l'air, le resplendissement de la lumière, et il y réussit, malgré des naïvetés dans l'emploi de l'eau-forte.

1144. La danse au bord de l'eau. Gravure originale à l'eau-forte. H. 0,125 × L. 0,192. R.-D. 6; André Blum, 19, 4e état. — Est. Da 23 f. Réserve.

1145. Le soleil levant. Gravure originale à l'eau-forte. H. 0,123 × L. 0,192. R.-D. 15; A. B. 10, 4e état. *Liber veritatis*, 5. — Est. Da 23 f. Réserve.

1146. Le bouvier. Gravure originale à l'eau-forte. H. 0,124 × L. 0,193. R.-D. 8; A. B. 18, 3e état. — Est. Da 23 f. Réserve.

1147. Le Campo Vaccino. Gravure à l'eau-forte. H. 0,179 × L. 0,250. R.-D. 23; A. B. 17, 2e état. *Liber veritatis*, 10. — Est. Da 23 g. Réserve.

L'artiste a gravé directement sur le cuivre une de ses peintures aujourd'hui au Louvre (Brière, 311). C'est la raison pour laquelle les monuments du Forum se trouvent inversés.

BOSSE (Abraham) 1605 (?)-1676.

L'illustrateur le plus fidèle et le plus amusant en même temps de la vie bourgeoise au temps de Louis XIII.

1148. La visite à l'accouchée. Gravure originale à l'eau-forte. H. 0,263 × L. 0,342. Georges Duplessis, 1378, 1er état. — Est. Ed. 30 c.

Cette pièce, qui pourrait servir d'illustration aux *Caquets de l'accouchée*, recueil satirique paru en 1622, fait partie d'une suite intitulée le *Mariage à la ville*.

1149. La saignée. Gravure originale à l'eau-forte. H. 0,258 × L. 0,334. G. D. 1391 I. — Est. Ed. 30 c.

Des trois moyens thérapeutiques, que Molière devait ridiculiser plus tard, *saignare, ensuita purgare, postea clysterium donare*, Abraham Bosse nous représente ici le premier.

1150. Le bal. Gravure originale à l'eau-forte. H. 0,260 × L. 0,339. G. D. 1400, 1er état. — Est. Ed. 30 d.

La majeure partie des estampes d'Abraham Bosse appartiennent, comme celle-ci, au règne de Louis XIII. Il n'existe peut-être pas d'époque durant laquelle le costume masculin fut plus seyant et les femmes ne le cédèrent pas en élégance aux hommes.

1151. Contrat de mariage passé à Fontainebleau le 25 septembre 1645 entre Ladislas IV, roi de Pologne, représenté par son ambassadeur, et Marie de Gonzague, princesse de Mantoue et de Nevers. Gravure originale à l'eau-forte. H. 0,269 × L. 0,331. G. D. 1223, 1er état. — Est. Ed. 30 c.

La scène se passe dans la chambre du roi, où le lit est séparé de la chambre proprement dite par une balustrade, suivant une disposition qui existe encore à Versailles. Le *balustre*, comme l'on disait alors, jouait un grand rôle dans l'étiquette, car tout le monde n'était pas admis indifféremment à l'intérieur de la fragile barrière.

Enclos de la balustrade, suivant l'expression de Bosse, on voit d'abord la reine régente, Anne d'Autriche, accompagnée de ses deux fils, à sa droite le Dauphin, le futur Louis XIV, et à sa gauche le duc d'Anjou, plus tard duc d'Orléans. Devant eux se tiennent l'ambassadeur de Pologne et la princesse Marie de Gonzague. On sait que celle-ci avait inspiré une vive passion à Gaston d'Orléans, puis à l'infortuné Cinq-Mars.

En dehors de la balustrade, se presse une nombreuse assistance parmi laquelle on reconnaît le cardinal Mazarin. Les charmants costumes de l'époque ont été aussi bien représentés par le graveur que le décor même de la scène qui, avec ses tentures, ses bras de lumière et ses lustres, constitue un parfait échantillon de style Louis XIII.

SON (NICOLAS DE).

Artiste rémois trop longtemps tenu injustement dans l'ombre, vivait dans la première moitié du XVIIe siècle.

1152. La cathédrale de Reims. Gravure à l'eau-forte. H. 0,391 × L. 0,310. — Est. AA 3.

Ce *somptueux frontispice de l'église Notre-Dame de Reims* se recommande non seulement par le juste rapport des proportions et par une étonnante compréhension de l'art gothique, bien rare à cette époque. Si l'on excepte la gravure exécutée en 1654 par Paul Androuet Du Cerceau, la façade de la cathédrale de Reims ne devait plus être reproduite par l'estampe avant 1722, à l'occasion du sacre de Louis XV.

MORIN (JEAN), mort en 1650.

On sait fort peu de choses sur la vie de Jean Morin, l'un des meilleurs graveurs de portraits du XVIIe siècle, dont l'art trahit l'influence des eaux-fortes de Van Dyck. Le procédé qui consiste à rendre, par des séries de points, la morbidesse des chairs est caractéristique de sa technique.

1153. Portrait d'Antoine Vitré. Gravure à l'eau-forte et au burin d'après Philippe de Champagne. H. 0,315 × L. 0,210. R.-D. 88, 1er état. — Est. Aa 139 b. Réserve.

Antoine Vitré, l'un des princes de la typographie française du XVIIe siècle, est représenté ici maniant des caractères d'imprimerie et un composteur.

1154. Portrait du Cardinal Bentivoglio. Gravure à l'eau-forte et au burin d'après Van Dyck. H. 0,290 × L. 0,232. R.-D. 43. Est. Aa. 139 b. Réserve.

Morin ne reproduisit qu'en buste le portrait en pied du cardinal Guido Bentivoglio, aujourd'hui conservé au Palais Pitti, à Florence, et qui est considéré comme l'un des chefs-d'œuvre de Van Dyck (Guiffrey, 388).

1155. Portrait d'Honorine de Grimberghe, comtesse de Bossu. Gravure à l'eau-forte et au burin. H. 0,294 × L. 0,232. R. D. 55. — Est. Ed. 36 a. Réserve.

Fille de Geoffroy, comte de Grimberghe, elle épousa Albert-Maximillien de Hennin, comte de Bossu, après le décès duquel elle passa pour avoir épousé secrètement Henri de Lorraine, duc de Guise, petit-fils du *Balafré*. Ce portrait non daté a dû être exécuté entre 1640 et 1650, autant que l'on en puisse juger par la coiffure, qui rappelle celle que nous avons décrite sous le n° 1143.

LE PAUTRE (JEAN), 1617-1682.

L'un des graveurs du XVIIe siècle qui s'essaya dans tous les genres et y réussit.

1156. Le sacre de Louis XIV. Gravure à l'eau-forte d'après le chevalier d'Avice. H. 0,642 × L. 0,485. — Est A A 5.

Cette planche, ainsi que deux autres de mêmes dimensions, était destinée à illustrer un petit livre assez peu connu *La Pompeuse et Magnifique cérémonie du Sacre du Roy Louis XIV fait à Rheims le 7 Juin 1654, représentez au naturel par ordre de leurs Majestez*. L'auteur, le chevalier d'Avice, avait fourni au graveur les dessins dont l'un est conservé au Cabinet des Estampes.

La seconde planche, exposée ici, représente la « grande cérémonie faite à l'Autel du Sacre et du couronnement du Roy ». Le monarque a dépouillé la robe de toile d'argent pour recevoir les onctions, puis il a revêtu la tunique, la dalmatique et le manteau royal. On remarquera avec intérêt le décor qui orne, pour la circonstance, la cathédrale de Reims. (Cf. J. Duportal. *Le livre du Sacre de Louis XIV*, dans l'*Amateur d'Estampes*, 1925-1926).

1157. Festin donné à Friedrichsborg (Danemark) à l'occasion de la paix de Roeskilde (1658). Gravure à l'eau-forte d'après Dahlberg.

H. 0,289 × L. 0,374. Épreuve avant toute lettre. — Est. Ed. 42 a.

La scène se passe dans la grande salle du château de Friedrichsborg, citadelle de l'île danoise de Seeland. A l'extrémité de la table, on voit, le dos tourné, Sophie-Amélie, reine de Danemark, et, à sa droite, Charles-Gustave, roi de Suède, à côté duquel a pris place le roi de Danemark, Frédéric.

Charles-Gustave, grand-père de Charles XII, venait d'imposer au Danemark la paix de Roeskilde. Après avoir envahi ce pays au cœur de l'hiver, en passant, d'île en île, sur une mer glacée. Cette estampe est la 75e planche de l'ouvrage en deux volumes du baron de Pufendorf, intitulé *De rebus a Carolo Gustavo Sueciae rege gestis commentariorum libri septem* (Nuremberg, 1696).

1158. Pompe funèbre de Henriette-Anne d'Angleterre, duchesse d'Orléans, à Saint-Denis, le 21 août 1670. Gravure à l'eau-forte. H. 0,325 × 0,228. — Est. Q b 44 +.

L'estampe de Le Pautre a conservé le souvenir du décor, de l'invention de Gissey, sous lequel disparaissaient l'antique chœur de Suger et le vaisseau gothique. C'est dans ce décor que Bossuet prononça la célèbre oraison funèbre (voir le n° 184).

1159. Représentation d'« Alceste » à Versailles dans la Cour de marbre, le 4 juillet 1674. Gravure originale à l'eau-forte. H. 0,274 × L. 0,417. — Est. Va 362 a.

Cette fête fut la première des six journées de divertissements que Louis XIV donna à sa cour au retour de la conquête de la Franche-Comté. C'est dans la Cour de marbre illuminée de mille feux que fut représentée *Alceste*, tragédie lyrique de Quinault, musique de Lully. Le grand intérêt de cette pièce est d'avoir conservé à notre curiosité l'état de la Cour de marbre, avant les transformations de 1679.

1160. Le « Malade imaginaire » représenté à Versailles en 1674, devant Louis XIV et sa cour. Gravure originale à l'eau-forte. H 0,274 × L. 0,419. — Est. Va 365.

C'est par la représentation du chef-d'œuvre de Molière que se termina la troisième journée des *Divertissements* dont il a été question dans la notice précédente. La Gazette (du 21) rapporte que cette fête eut lieu le 18 juillet; Félibien tient pour le 19.

La scène avait été dressée devant la grotte de Téthys, dont on aperçoit, par les trois ouvertures du fond, les groupes de sculpture. La grotte fut démolie lors de la construction de l'aile nord du château, dont elle occupait l'emplacement. Les marbres en furent alors transportés dans le bosquet de la *Renommée*. Nous avons donc encore, grâce à Le Pautre, une sincère représentation du Versailles disparu.

1161. Chaire à prêcher. Gravure à l'eau-forte et au burin. H. 0,213 × L. 0,143. — Est. Ed. 42 f.

Jean Le Pautre architecte, dessinateur et graveur, est aussi un maître *ornemaniste* de premier ordre. Avec Bérain et Charmeton il est certainement l'un des artistes à qui le style Louis XIV doit le plus. Son œuvre immense renferme des modèles d'une extrême richesse et d'une variété pleine de fantaisie pour tout ce qui concerne l'ameublement des maisons, des palais, des églises, etc...

Cette pièce porte le n° 6 de la suite intitulée : *Chaires de prédicateurs nouvellement inventées et gravées par I. Le Pautre*, 1659.

1162. Cheminée. Gravure à l'eau-forte et au burin. H. 0,212 × L. 0,142. — Est. Ed. 42 f.

Pièce portant le n° 3 de la suite intitulée : *Cheminées à l'italienne nouvellement inventées et gravées par I. Le Pautre*.

1163. Rinceau. Gravure à l'eau-forte. H. 0,174 × L. 0,122 (dimensions prises du témoin). — Est. Ed. 42 f.

Ce détail de rinceau, destiné à servir de modèle à un ciseleur, porte le n° 6 de la suite intitulée : *Rinceaux de différents feuillages inventez et gravez par Jean Le Pautre*.

SILVESTRE (ISRAEL), 1621-1691.

Célèbre topographe. En feuilletant son œuvre gravé, c'est tout un voyage rétrospectif que l'on fait dans la vieille France du XVIIe siècle.

1164. « **Veuë du jardin et de l'orangerie de la Reine** ». Gravure originale à l'eau-forte. H. 0,102×L. 0,159. Faucheux, 216-2. Est. Ed. 45.

Cette estampe et les deux suivantes appartiennent à une suite de dix pièces intitulée: ***Divers veuës du chasteau et des bastiments de Fontaine belleau; dessiné et gravé par Israël Silvestre.*** Pièce datée de 1649.

1165. « **Veuë de la Cour des fontaines et du Jardin de l'estan** ». Gravure à l'eau-forte. H. 0,105×L. 0.151. Faucheux 216-5. Est. Ed. 45.

Cette estampe représente la partie du château appelée l'aile à la belle cheminée.

1166. « **Veuë du grand escalier des sfinges et de la Cour des fontaines** ». Gravure à l'eau-forte. H. 0,103×L. 0,151. Faucheux 216-9. Est. Ed. 45.

Les sphinx ne sont plus au bas de ces escaliers, ils décorent une fontaine située sur la petite place par laquelle on entre dans la cour des cuisines (Faucheux).

PESNE (Jean), 1623-1700.

1167. **Le triomphe de Galatée.** Gravure à l'eau-forte et au burin d'après N. Poussin. H. 0,472×L. 0,617. R. D. 30, 1er état; Andresen, 385, 1er état. — Est. A A 5. Réserve.

Cette composition de Poussin, aujourd'hui conservée au Musée de l'Ermitage (Grautoff, 87), fut exécutée vers 1639 pour le cardinal de Richelieu en même temps que quatre ***Bacchanales***, et portait alors, au dire de Félibien, le titre de ***Triomphe de Neptune***. Mais il y avait des rapports trop évidents entre la scène centrale de l'œuvre du peintre français et la célèbre fresque de la Farnésine, peinte par Raphaël, le ***Triomphe de Galatée***, pour que le titre de celle-ci n'influençât pas la dénomination de celle-là.

Jean Pesne a su, mieux qu'aucun autre graveur, peut-être, interpréter les œuvres de Poussin. Cette estampe est un spécimen typique de sa seconde manière, qui consistait à amalgamer les travaux de la pointe et ceux du burin avec un mélange de points. Le premier état, exposé ici, se reconnaît à l'absence de la draperie sur la nudité de Galatée. Dans l'angle inférieur de droite, marque de collection de B. R. Haydon (Lugt, 412).

NANTEUIL (Robert), 1630-1678.

Le maître incontesté de la gravure de portraits au xviie siècle. Indépendamment de ses incomparables qualités de buriniste, son plus grand mérite fut de graver ses modèles *ad vivum*, suivant son expression, c'est-à-dire d'après un portrait aux crayons ou au pastel fait par lui-même sur nature. C'est pourquoi il domine de si haut la foule des autres graveurs de reproduction.

1168. Portrait de Marie de Bragelongne. Gravure au burin. H. 0.350×L. 0.270. R. D. 57, 4e état. — Petitjean et Wickert, 38. — Est. Ed. 55 g. Réserve.

Portrait d'un grand intérêt dans l'œuvre de Nanteuil, d'abord parce qu'il est le seul portrait féminin avec celui d'Anne d'Autriche, *grandeur nature*, que l'artiste ait gravé *ad vivum*, et ensuite parce que c'est l'un des rares portraits que Nanteuil, au dire de Tempesti, aurait gravés entièrement de sa main. Un an avant d'avoir posé dans l'atelier du graveur, Marie de Bragelongne avait perdu son mari, Claude Le Bouthillier, surintendant des finances. C'est pourquoi elle est représentée dans le costume des veuves, la tête couverte de la *pointe*. Estampe datée de 1656.

1169. Portrait du cardinal Mazarin. Gravure au burin. H. 0,345 ×L. 0,260. R.-D. 179. P. et W., 158. — Est. Ed. 55 g. Réserve.

Mazarin était fort bel homme. Il le savait et prit ses dispositions de son vivant pour que la postérité ne l'ignorât point. Sans compter les peintures, son iconographie est riche de près de quatre-vingts portraits gravés, presque tous contemporains, dont quatorze sont dûs au burin du seul Nanteuil, son protégé et son obligé. Estampe datée de 1656.

1170. Portrait de Pompone de Bellièvre. Gravure au burin d'après Le Brun. H. 0,321 × L. 0,243. R.-D. 37 P. et W. 16. — Est.

L'un des chefs-d'œuvre de Nanteuil, ce serait aussi, dit-on, dans l'œuvre de l'artiste, qui se contentait généralement de graver la figure, l'un des trois portraits entièrement dûs à son burin. Pompone de Bellièvre, qui appartenait à une famille parlementaire, devint premier Président au Parlement de Paris en 1651. C'est au faite de sa carrière qu'il a demandé à Nanteuil de graver son portrait (1657).

1171. Portrait du cardinal Mazarin représenté dans la Galerie Mazarine. Gravure au burin. H. 0,480 × L. 0,573 R.-D. 185, P. et W. 165, 2e état. — Est.

Le cardinal Mazarin s'est fait représenter, avec une visible complaisance, dans cette galerie qui depuis lors porta son nom et qui est la salle d'exposition actuelle. François Chauveau, l'auteur du dessin gravé par Nanteuil pour la tête et Van Schuppen pour le reste, s'est placé du côté opposé à l'entrée principale d'aujourd'hui, de telle sorte qu'il avait les fenêtres à sa droite et les niches à sa gauche.

Cette estampe décore la partie supérieure de la thèse soutenue le 27 juillet 1659 par Charles Maurice Le Tellier. C'est la fameuse thèse dont Boileau a parlé dans la satire X sur les femmes, en ridiculisant l'avarice de la Lieutenante criminelle Tardieu.

1172. Portrait de Nicolas Fouquet, surintendant des finances. Gravure au burin. H. 0,325 × L. 0,247. R.-D. 98, 1er état. P. et W. 76. — Est. Ed. 55 g. Réserve.

Nanteuil a gravé ce portrait en 1661, c'est-à-dire l'année même de l'arrestation de Fouquet, peut-être à l'époque où le surintendant préparait la magnifique réception de Vaux, qui devait achever de le perdre dans l'esprit de Louis XIV. On compte six états de cette estampe. Le premier état, exposé ici, avec le mot ***Missire*** pour Messire, faute corrigée dans les états postérieurs, est de toute rareté.

1173. Portrait de Louis II de Bourbon, prince de Condé, dit le Grand Condé. Gravure au burin. H. 0,353 × L. 0,270. R.-D. 79. P. et W. 58. — Est. Ed. 55 g. Réserve.

C'est en 1662, à Chantilly, où il se plaisait dans la société des artistes et des hommes de lettres, que le prince admit Nanteuil à faire son portrait.

1174. Portrait du maréchal de Turenne. Gravure au burin. H. 0,490 × L. 0,415. R.-D. 233, 2e état. P. et W. 219. — Est. Ed. 55 g. Réserve.

Les traits quelque peu vulgaires, les yeux « grands et pleins de feu — du modèle — mais couverts de grands sourcils joints ensemble » ont frappé les contemporains du grand capitaine, comme ils nous frappent encore dans ce portrait *fort comme nature*, à la physionomie étrangement fermée et dure. Lorsque Nanteuil grava ce portrait, après l'avoir dessiné, en 1665, Turenne n'avait plus que dix ans à vivre avant de rencontrer le boulet de Salzbach.

1175. Portrait de Jean-Baptiste Colbert. Gravure au burin. H. 0,500 × L. 0,424. R.-D. 74, 1er état. — Est. Ed. 55 d. Réserve.

Portrait exécuté à l'apogée de la fortune du grand ministre. Tant d'honneurs semblent avoir détendu son visage, qu'il avait « naturellement renfrogné », si nous en croyons l'abbé de Choisy. Le portrait *fort comme nature*, dont l'on donne ici, avec le Turenne, un autre spécimen, fut assez peu usité par les graveurs français en dehors de Nanteuil. Le premier état, exposé ici, se reconnaît, entre autres détails, à l'absence du trait d'union après le mot *sculpebat*. Il est extrêmement rare.

1176. Portrait de Louis XIV. Gravure au burin. H. 0,685 × L. 0,595. R.-D. 161, 1er état. P. et W. 142. — Est. AA 5. Réserve.

Célèbre portrait du grand roi, dit *à la peau* ou *aux pattes de lion* exécuté en 1672 et destiné à décorer la partie supérieure de la thèse de Jacques-Nicolas Colbert, abbé du Bec, plus tard archevêque de Rouen, l'un des fils du grand ministre. « L'ensemble mesure 1m095 de hauteur sur 0m595 de largeur; les conclusions de la thèse sont gravées sur un écusson au-dessous du portrait du roi, et le tout est posé sur une peau de lion, dont les pattes retombent autour du portrait, d'où le surnom de la pièce » (François Courboin). L'épreuve, exposée ici, est la seule qui ait été signalée jusqu'à présent de cet état. Le coup de lumière de l'armure, sur le bras gauche, est entièrement blanc sur toute la longueur des trois lames articulées; il a été atténué dans les états suivants.

Le cadre en bois sculpté et doré, époque Louis XIV, appartient à M. Larcade.

PÉRELLE (Nicolas), né vers 1635 (?).

Appartenait à une famille de graveurs topographes et paysagistes célèbres. L'œuvre des trois Pérelle est parallèle à l'œuvre de Silvestre.

1177. « **Veüe des Bains de Bourbon l'Archambaut** ». Gravure à l'eau-forte d'après Israël Silvestre. H. 0,196 × L. 0,313. Faucheux 73-1. — Est. Ed. 76 c.

Cette vue très fidèle montre l'aspect des bains de Bourbon au XVIIe siècle, époque à laquelle cet établissement thermal connut une grande vogue. Les séjours qu'y firent, entre autres, Louis XIV, Mme de Montespan, Mme de Sévigné, Fouquet, Boileau, etc., suffisent à l'attester. Les impressions thermales de la marquise valent bien la peine d'être rappelées : « Il y a deux jours que je prends les eaux ; elles sont douces, gracieuses et fondantes ; elles ne pèsent point. J'en fus étonnée et gonflée le premier jour ; mais aujourd'hui, je suis gaillarde ».

1178. « **Veüe de la Sainte Chapelle de Bourbon l'Archambaut** ». Gravure à l'eau-forte d'après Israël Silvestre. H. 0,199 × L. 0,310. Faucheux 73-2. — Est. Ed. 75 c.

Il est superflu de souligner à la fois le pittoresque et l'intérêt de cette pièce qui représente un édifice aujourd'hui disparu. La Sainte-Chapelle construite au XVe siècle par Jean II, duc de Bour-

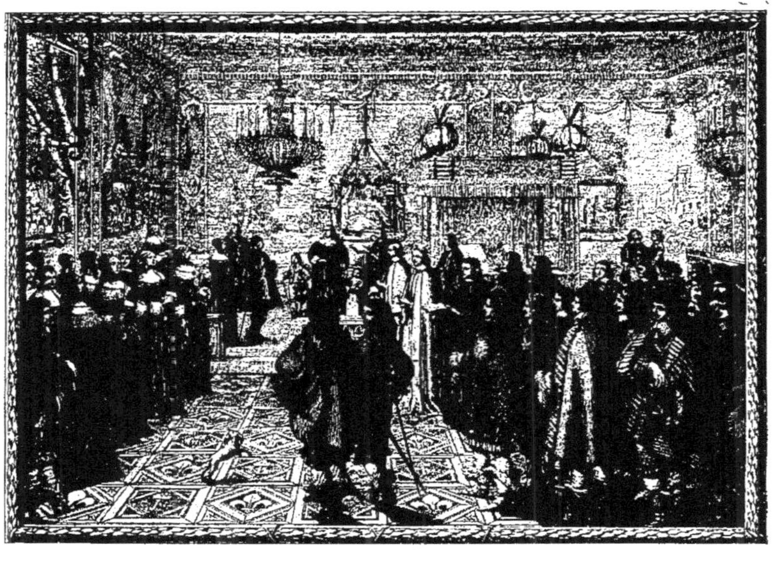

N° 1151

Contrat de mariage de Ladislas IV, roi de Pologne,
et de Marie de Gonzague (1645).
Gravure d'Abraham Bosse.

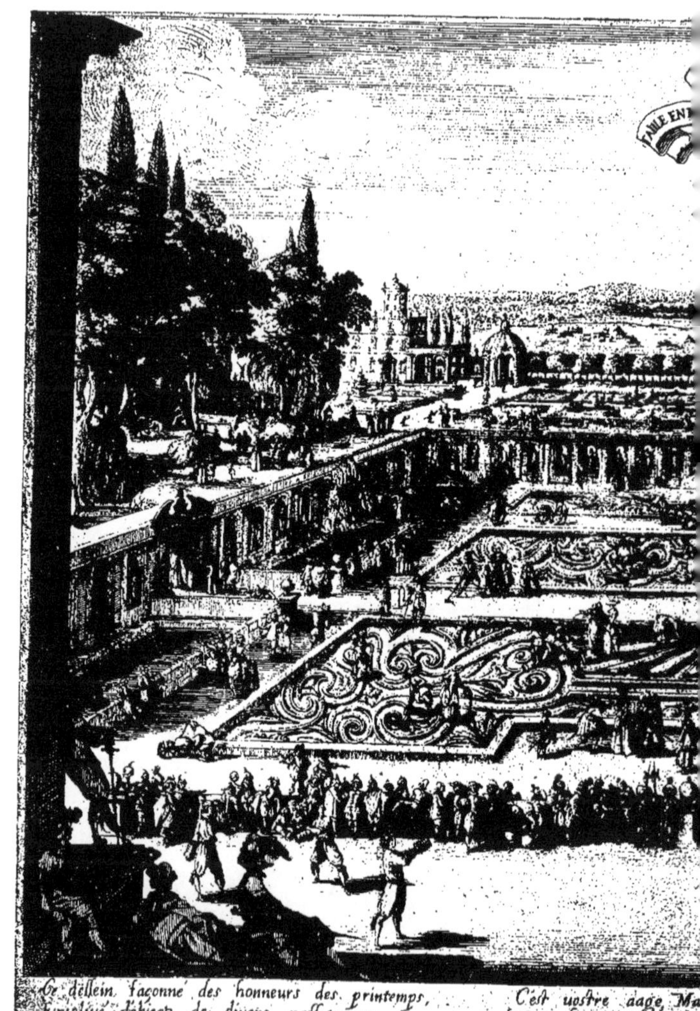
Ce dessein façonné des honneurs des printemps,
Enjoliué d'obiectz de diuers passetemps;
C'est uostre aage
Nous sont autant de

Le P
Gravure

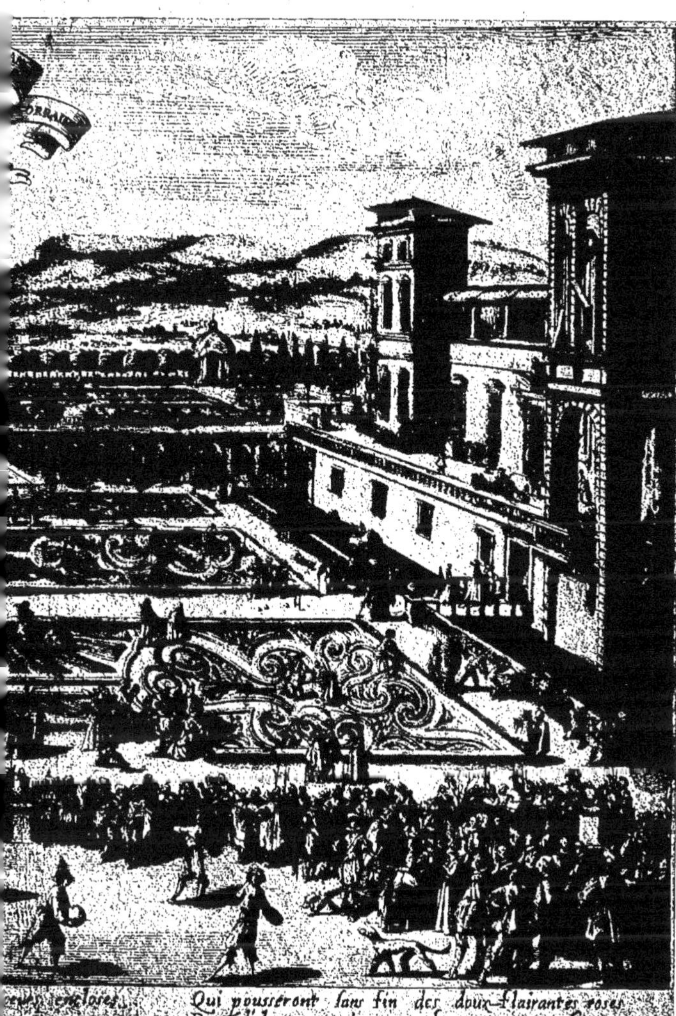
Qui pousseront sans fin des doux-flairantes roses
Dont l'odeur aggrera aux hommes et aux Cieux

CY.
Callot.

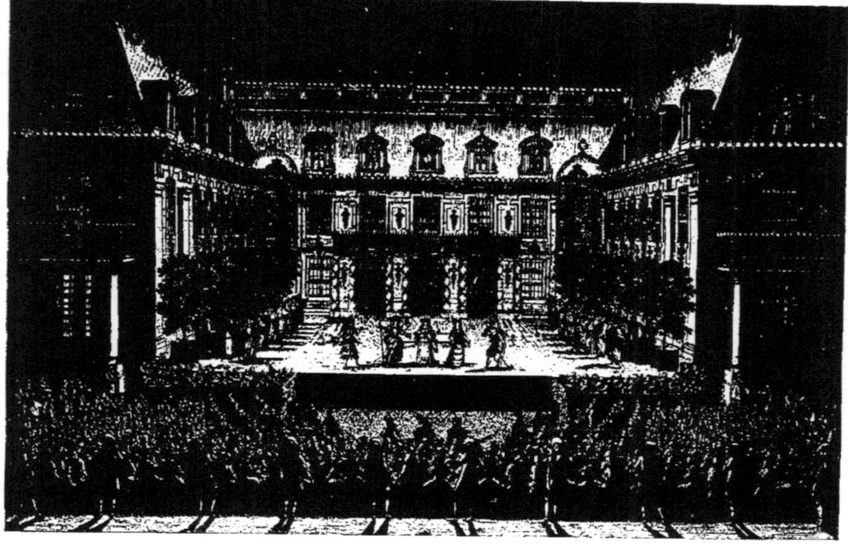

Nº 1159

Représentation d'« Alceste » a Versailles
dans la Cour de Marbre, le 4 juillet 1674.
Gravure de J. Le Pautre.

bon (+ 1488), à l'intérieur de son château de Bourbon, fut en effet saccagée pendant la Révolution et détruite quelques années après.

On sait que la Sainte-Chapelle de Paris, œuvre de saint Louis, est à la tête de toute une lignée d'édifices du même genre. Ce beau modèle fut imité notamment au XIVe siècle par les architectes du duc Jean de Berri à Bourges et à Riom. La Sainte-Chapelle de Riom date de 1380 environ. Il est probable que le maître d'œuvre de la Sainte-Chapelle de Bourbon s'était inspiré de cet édifice.

Notre estampe ne porte pas de date ; mais l'on peut affirmer qu'elle est postérieure à 1648, époque à laquelle la flèche et les combles de la chapelle furent détruits par la foudre. Sur l'estampe, on voit que les combles n'ont pas été remontés à leur niveau primitif et que la flèche a été remplacée par un clocheton très mesquin.

MASSON (ANTOINE), 1636-1700.

Même dans ses meilleurs pièces, Antoine Masson, connu surtout comme graveur de portraits, se souvient toujours de son premier métier. L'habileté de l'ancien damasquineur explique la virtuosité du buriniste. Son œuvre la plus célèbre est le portrait de Henri de Lorraine, comte d'Harcourt, l'un des grands hommes de guerre de son temps, qui avait l'habitude de porter une grosse perle à l'oreille, d'où le surnom donné à ce cadet de la maison de Lorraine (voir le no suivant).

1179. Portrait du comte d'Harcourt, dit Cadet la Perle. Gravure au burin d'après Nicolas Mignard d'Avignon. H. 0,503 × L. 0,401. R. D. 34. Est.

1180. Portrait de Guillaume de Brisacier. Gravure au burin d'après Nicolas Mignard d'Avignon. H. 0,347 × L. 0,260. R.-D. 15, 2e état. — Est. Ed. 57. Réserve.

Ce portrait, ainsi que le précédent, tire son origine des hasards d'une étape d'un voyage royal. En 1659, Louis XIV allant audevant de la future reine de France, l'infante Marie-Thérèse, s'arrêta à Avignon et y séjourna trois semaines. Mazarin, qui avait la manie du portrait, s'empressa de poser devant Nicolas Mignard. Ce portrait plut. La vogue s'en mêla. Ce mouvement fut suivi par cinq ou six seigneurs de la suite du roi, dont étaient précisément Brisacier et le comte d'Harcourt. Le deuxième état, exposé ici, se reconnaît aux deux fautes d'orthographe de l'inscription gravée dans la bordure ovale, fautes corrigées dans les états postérieurs : *Brisasier* pour Brisacier et ***Segrétaire*** pour Secrétaire.

LE CLERC (Sébastien), 1637-1714.

Cet artiste tient une place considérable dans l'histoire de la gravure française du xviie siècle. C'est notamment par son intermédiaire que l'art si vivant et si français de Callot fut transmis aux vignettistes du xviiie siècle.

1181. Mausolée érigé dans l'église de l'Oratoire de la rue Saint-Honoré, à la mémoire du chancelier Séguier. Gravure à l'eau-forte d'après Le Brun. H. 0,345 × L. 0,273. Jombert 105, 2e état. — Est. AA 3.

Le chancelier Séguier, mort le 28 janvier 1672 à Saint-Germain, fut enterré aux Carmélites de Pontoise, dont sa sœur, Jeanne, était prieure. Le 5 mai de la même année, une grande cérémonie religieuse fut célébrée à sa mémoire à Paris, dans l'église de l'Oratoire, décorée à cet effet par Le Brun. C'est cette cérémonie que représente la belle eau-forte de Le Clerc.

Cette planche servit au graveur de morceau de réception à l'Académie. On trouvera une excellente description de ce décor funèbre dans la lettre que Mme de Sévigné écrivait le 6 mai 1672 à sa fille, et dans les *Entretiens* de Félibien (iv, 181).

1182. La Galerie des Glaces. Eau-forte. H. 0,142 × L. 0,090. Jombert 165. S. n. r.

Cette composition annonce l'art élégant et raffiné des vignettistes du xviiie siècle. Gravée d'après un dessin de l'artiste pour servir de frontispice aux *Conversations nouvelles* de Mlle de Scudéry, elle représente, l'année même de son inauguration (1684), la Galerie des Glaces, avec son mobilier d'argent qui devait être fondu en 1689.

1183. Colbert, marquis de Villacerf, visite la galerie des Gobelins, où sont exposées les tentures de l'Histoire d'Alexandre. Gravure à l'eau-forte. H. 0,119 × L. 0,236. Jomb. 257. — Est.

La date même de cette estampe, qui fait partie d'une suite de six pièces représentant les *Batailles d'Alexandre* d'après Le Brun, gravées en petit par Sébastien Le Clerc en 1696, prouve que le personnage représenté n'est pas le grand Colbert (+ 1683), qui, au surplus, ne porta jamais le titre de marquis de Villacerf. Ce personnage n'est autre qu'Édouard Colbert (1629-1699), qui fut successivement premier maître-d'hôtel de la reine, conseiller d'État, inspecteur général des bâtiments et enfin surintendant des bâtiments. C'est en cette qualité qu'il examine les tentures de l'*Histoire d'Alexandre*.

1184. Louis XIV reçoit le serment du marquis de Dangeau, grand maître des ordres de Notre-Dame du Mont-Carmel et de Saint-Lazare, dans l'ancienne chapelle de Versailles, le 18 décembre 1695. Gravure à l'eau-forte. H. 0,208 × L. 0,371. Jomb. 250. — Est. AA 2.

Cette composition est d'un grand intérêt pour l'histoire du château de Versailles dont elle représente l'ancienne chapelle. Cette chapelle occupait l'emplacement du passage qui met aujourd'hui en communication la cour du château avec le parc, passage au-dessus duquel se trouve le salon d'Hercule. Cette chapelle devait être bientôt remplacée par la chapelle actuelle dont la première pierre fut posée le 20 mars 1699. La petite chaire que l'on aperçoit dans le fond, fut bien souvent occupée par Bourdaloue. Le marquis de Dangeau a conté dans son *Journal* tous les détails de la cérémonie ici représentée. L'artiste a choisi le moment où le Roi, à genoux sur son prie-Dieu, remet la croix de l'ordre au grand maître également agenouillé. Derrière le Roi, on voit le grand Dauphin, un genou en terre et la main gauche appuyée sur sa canne. Au premier étage, dans une loge, le duc de Bourgogne.

1185. Le libraire Auboin apportant des livres au duc de Bourgogne. Gravure à l'eau-forte. H. 0,065×L. 0,095. Jomb. 264, 1er état. — Est. Ed. 59.

Jombert a conté l'amusante anecdote, qui inspira cette petite estampe. Auboin, le libraire des princes, se confondait en révérences devant le duc de Bourgogne, au moment de lui présenter un volume. Ces révérences étaient si profondes que le petit-fils de Louis XIV rencontrait toujours la tête de son libraire alors qu'il pensait se saisir du volume. Les princes se divertirent beaucoup de cet incident. Le duc de Bourgogne en fit un dessin que son frère donna à Auboin, et ce dernier, pour faire sa cour aux princes, le fit graver par Le Clerc.

1186. Vignettes pour l'illustration de l'« Essai d'analyse des jeux de hazard », par Pierre Rémond de Montmort (1708). Gravure à l'eau-forte. Jomb. 296. — Est. Ed. 59.

Vignette allégorique de la préface. Dans le fond plusieurs personnes jouent au billard.

Vignette pour la première partie (voir la notice de l'ouvrage exposé par le Département des Imprimés, no 179).

Vignette pour la seconde partie. A gauche, sur une table carrée, joueurs de quinquenove ; à droite, autour de la table, joueurs de tric-trac.

Vignette pour la troisième partie. Plusieurs personnes debout ; d'autres assises jouent aux cartes ou aux dés.

1187. Le Val-de-Grâce. Gravure originale à l'eau-forte. H. 0,057×L. 0,148. Jomb. 244 (10). — Est.

Cette composition, qui montre au premier plan, une roue de carrier installée dans les carrières de Montrouge, et au fond, à gauche, le dôme de la Sorbonne, appartient, comme les trois suivantes, à la suite intitulée : *Veues de plusieurs petis endrois des fauxbourgs de Paris.*

1188. L'Oratoire. Gravure originale à l'eau-forte. H. 0,057×L. 0,147. Jomb. 244 (4). — Est.

A droite, les clochers de Saint-Étienne du Mont et de Sainte-Geneviève, ainsi que les bâtiments de l'abbaye, aujourd'hui lycée Henri IV. A gauche, l'institution des Pères de l'Oratoire.

1189. Les bords de la Seine aux environs de Paris. Grav. orig. à l'eau-forte. H. 0,058 × L. 0,145. Jomb. 244 (5). — Est.

1190. Un marché aux chevaux. Grav. orig. à l'eau-forte. H. 0,056 × L. 0,146. Jomb. 244 (9). — Est.

Peut-être l'ancien marché aux chevaux de la barrière Saint-Victor.

BERAIN (JEAN), 1638-1711.

Jean Berain, qui succéda en 1674 à Henri Gissey dans la charge d'*ingénieur et désignateur des plaisirs du roi*, fut l'un des ornemanistes les plus fameux du XVIIe siècle et son action fut décisive sur l'orientation du style Louis XIV. Parmi ses compositions les plus connues, on cite surtout ces décors d'une fantaisie et d'une grâce de dessin exquises tels que celui qui est exposé ici. Ces *bérinades*, comme on les appelle parfois, dérivent en droite ligne des *grotesques* d'Androuet Du Cerceau, dont on connaît l'origine italienne et antique, et annoncent les arabesques de Claude III Audran et de Watteau, qui devaient donner le ton aux décorateurs du XVIIIe siècle.

1191. Panneau de grotesques. Eau-forte anonyme d'après Bérain. H. 0,404 × L. 0,260.

1192. Panneau de grotesques. Eau-forte anonyme d'après Berain. H. 0,230 × L. 0,352.

On remarquera, dans la partie supérieure de la composition, des encadrements à l'intérieur desquels se jouent des amours. On dirait, avec une avance d'un siècle, des modèles pour Wedgwood.

SIMONNEAU (CHARLES), 1639-1728.

1193. « Le Rhin passé à la nage par les Français à la vue de l'armée de Hollande en juin 1672. » Gravure à l'eau-forte d'après Van der Meulen. H. 0,480 × L. 0,938. — Est.

Le graveur a reproduit, en dimensions très légèrement réduites, le tableau de Van der Meulen, qui représente l'un des faits d'armes les plus connus de l'armée de Louis XIV (Louvre).

EDELINCK (Gérard), 1640-1707.

L'un des maîtres de la gravure au burin du XVIIe siècle. Même dans la gravure de reproduction, il resta original, tant l'interprétation du modèle demeure intelligente et nuancée.

1194. La tente de Darius. Gravure en deux feuilles au burin d'après Le Brun. H. 0,615 × L. 0,898. R.-D. 42, 4e état. — Est. A A 6. Réserve.

La magnanime grandeur avec laquelle Alexandre traita la famille de Darius, faite prisonnière à la bataille d'Issus, est demeurée légendaire. Tel est le sujet de l'estampe qu'on appelle indifféremment la *Tente de Darius* ou la *Famille de Darius aux pieds d'Alexandre* et qui fait partie de la suite dite les *Batailles d'Alexandre* (Cf. la notice sur Audran). Le Brun n'était pas coloriste : l'adroit burin du graveur a supplée au défaut du peintre.

1195. Portrait de Philippe de Champagne. Gravure au burin d'après Philippe de Champagne. H. 0,360 × L. 0,325. R.-D. 164, 1er état. — Est. Ec. 75 d. Réserve.

En gravant le portrait de Philippe de Champagne, en 1676, deux ans après la mort du peintre, Edelinck s'acquittait d'une véritable dette de reconnaissance envers son compatriote, qui avait été aussi son protecteur et son ami. De toutes ses estampes, c'est à celle-ci qu'Edelinck donnait la préférence et l'on ne saurait à ce propos, a-t-on dit avec raison, lui refuser la qualité de connaisseur. Dans le fond de la composition, on aperçoit l'hôtel de ville de Bruxelles et Sainte-Gudule.

1196. Portrait du sculpteur Martin van den Bogaert, connu en France sous le nom de Desjardins (1639-1694). Gravure au burin d'après Rigaud. H. 0,430 × L. 0,346. R.-D. 182, 2e état. — Est. Ec 75 d. Réserve.

Il est donné parfois aux maîtres de la gravure de reproduction, d'interpréter leurs modèles avec un art si exquis, qu'il leur arrive de les surpasser ou mieux de les corriger. C'est une constatation qui saute aux yeux lorsqu'on étudie le portrait de Desjardins gravé par Edelinck d'après Rigaud (Louvre).

AUDRAN (GÉRARD), 1640-1703.

Avant Gérard Audran, les graveurs usaient du burin ou de l'eau-forte, mais ne mélangeaient pas les deux procédés. Une libre préparation d'eau-forte, retouchée au burin, tel est le procédé dont usera avec bonheur le plus grand de nos graveurs d'histoire et qu'il saura transmettre à des générations d'élèves.

1197. La bataille d'Arbèles. Gravure à l'eau-forte et au burin, en quatre feuilles, d'après Charles Le Brun. H. 0,67 × L. 1,58. R.-D. 58. — Est.

L'œuvre capitale du graveur fut la reproduction par l'estampe des *Batailles d'Alexandre* de Le Brun. L'artiste ne mit que six ans à s'acquitter de cette tâche colossale, de 1672 à 1678, et, avec une habileté remarquable, sut donner à ses gravures la couleur et la lumière qui manquaient aux peintures (voir la tapisserie, n° 1279).

1198. Porus blessé amené devant Alexandre. Gravure à l'eau-forte et au burin d'après Le Brun. H. 0,67 × L. 1,58. R.-D. 59. — Est.

Les sources du peintre ont été, pour ce fameux épisode, la *Vie d'Alexandre* par Plutarque. La bataille livrée sur les bords de l'Hydaspe, s'achève par la victoire du héros macédonien. Porus est amené devant le vainqueur, qui lui demande comment il veut être traité : « En roi ! » répondit Porus (voir la tapisserie, n° 1280).

1199. Le passage du Granique. Gravure en quatre feuilles, à l'eau-forte et au burin, d'après Le Brun. Épreuve d'essai de la seconde planche du premier état. H. 0,650. × L. 0,556. R.-D. 57. — Est.

Le Brun a représenté Alexandre au moment où, après avoir traversé le Granique, il est attaqué par deux vaillants capitaines de l'armée perse, Rhésace et Spithridate. Sa perte est imminente, lorsque Clitus, survenant, arrête le coup mortel, qui menaçait le héros. Épreuve d'essai du premier état, de toute rareté. Le casque et le bouclier du guerrier qui sort de l'eau sont entièrement vierges de tout travail.

1200. Entrée d'Alexandre dans Babylone. Gravure en deux feuilles, à l'eau-forte et au burin d'après Le Brun. H. 0,660 × L. 0,902. R.-D. 60. — Est. AA 6. Réserve.

Suivant le récit de Quinte-Curce, Bagophanes, gardien de la citadelle de Babylone et des trésors de Darius, avait fait joncher la voie triomphale de fleurs et de couronnes et dresser de chaque côté des autels d'argent où fumaient des parfums. Le Brun a rendu tous ces détails, de même qu'il a pris soin de dresser à l'arrière-plan un de ces fameux jardins suspendus qu'avait créés, pour l'agrément de son épouse, un roi de Syrie régnant à Babylone. Malgré ce souci archéologique, on reconnaît dans les monuments de cette Babylone de fantaisie, l'architecture du grand siècle, de même que l'on retrouve les traits de Louis XIV idéalisé, à travers ceux du héros triomphateur (voir la tapisserie, nº 1278).

1201. Saint Jean baptise les Pharisiens dans le Jourdain. Gravure en deux feuilles à l'eau-forte et au burin d'après N. Poussin. H. 0,680 × L. 0,860, R.-D. 31, 3e état ; Andresen, 165, 2e état. — Est. AAA 6. Réserve.

Estampe gravée d'après le tableau peint par Poussin avant 1640 pour André Le Nôtre, aujourd'hui au Louvre. L'estampe est inversée et de dimensions légèrement inférieures à celles de l'original.

PARROCEL (Joseph), 1648-1704.

Joseph Parrocel, dit *des batailles*, avait étudié à Rome sous deux peintres des batailles, Salvator Rosa et Courtois, dit *le Bourguignon*. N'ayant jamais assisté à une bataille, il a su néanmoins faire passer, dans ses tableaux et ses eaux-fortes, le désordre de ces scènes meurtrières, l'animation de la lutte et la chaleur du carnage. Lui-même se vantait de « savoir tuer son homme mieux que quiconque ».

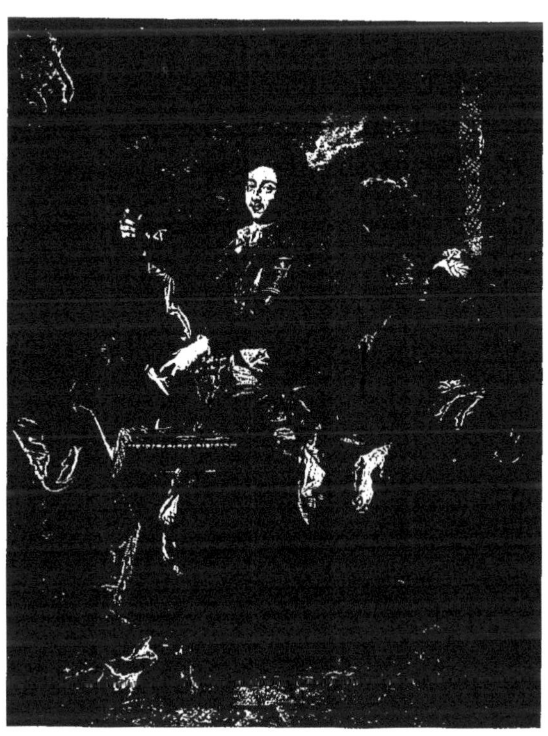

N° 1208

PORTRAIT DU PRINCE DE CONTI,
gravure de Pierre Drevet d'après Rigaud.

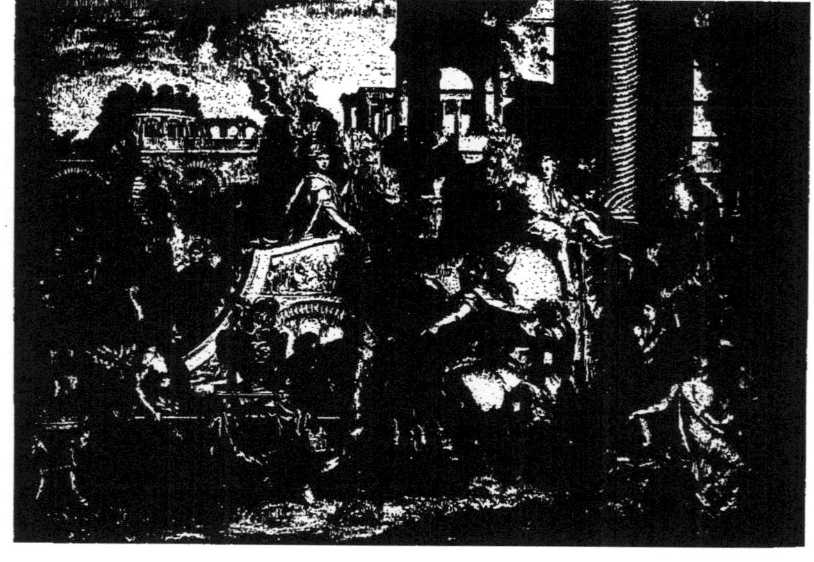

N° 1200

L'Entrée d'Alexandre dans Babylone.
Gravure de Gérard Audran, d'après Le Brun.

1202. « Combat donné au passage du col de Bagnols par l'armée du Roy, commandée par M. le maréchal de Navailles, contre celle d'Espagne, commandée par M. le comte de Monterey, le 4e juillet 1677 ». Gravure originale à l'eau-forte avant toute lettre. H. 0,183 × L. 0,283. R.-D. 90, 1er état. — Est. Db 12.

L'épisode représenté est un fait d'armes de l'armée du Roussillon, que commandait alors le maréchal de Navailles. L'affaire eut lieu dans les environs du village d'Espouilles. Le détail en est conté dans un style d'une brièveté toute militaire par le maréchal lui-même : « Les ennemis descendirent de leur hauteur pour venir à nous. Je les fis charger par le régiment de Navailles à la tête duquel était mon fils, qui servait de brigadier dans l'armée, et par le régiment de Furstemberg... » (*Mémoires*, 1701, p. 326 et suiv.).

1203. Le bivouac. Gravure originale à l'eau-forte. H. 0,078 × L. 0,160. R.-D. 86. — Est. Db 12.

Pittoresque scène militaire, traitée avec une verve et une légèreté qui semblent annoncer l'esprit des vignettistes du XVIIIe siècle.

LA FAGE (RAYMOND), 1656?-1684.

Cet artiste né en Albigeois, à Saint-Étienne de Vionan, a laissé la réputation d'un dessinateur à la plume d'une grande virtuosité et d'une liberté toute gauloise. Ses estampes sont si rares, dit Robert-Dumesnil, que la plupart manquent aux collections les plus riches.

1204. Les petits pêcheurs effrayés. Gravure originale à l'eau-forte. H. 0,100 × L. 0,283. R.-D. 16. — Est.

1205. Jupiter se présentant à Sémélé. Gravure originale à l'eau-forte. H. 0,090 × L. 0,280. R.-D. 14, 1er état. — Est.

Robert-Dumesnil a donné de cette estampe la cocasse description suivante : « La fille de Cadmus reposait mollement sur son lit, quand, à sa demande, Jupiter se présenta à elle dans toute sa majesté. Le foudre du dieu éclate et va consumer Sémélé, dont l'attitude contraste avec un sort aussi funeste. Deux amours sont au bas du sujet, l'un à gauche, qui a jeté son arc, l'autre, à droite, qui s'enfuit effrayé ».

MARIETTE (JEAN), 1660-1742.

1206. **Moïse sauvé des eaux.** Gravure à l'eau-forte et au burin d'après N. Poussin. H. 0,430 × L. 0,585. Andresen, 32, 2e état, — Est Da 18.

Le tableau que Poussin avait peint pour André Le Nôtre est aujourd'hui au Louvre. L'auteur de la gravure est Jean Mariette, le père de l'illustre Pierre-Jean Mariette, le fameux amateur du XVIIIe siècle. Jean Mariette, dessinateur et graveur, était aussi imprimeur; l'enseigne de son magasin d'estampes *Aux Colonnes d'Hercule* est devenue célèbre dans le monde des collectionneurs.

FRANCE (LOUIS DE), dit le Grand Dauphin, 1661-1711.

1207. **Le Château-Neuf de Saint-Germain-en-Laye.** — Gravure à l'eau-forte d'après Israël Silvestre. H. 0.130 × L. 0,253. Faucheux 292-4. — Est. AA2. Réserve.

L'élève de Bossuet eut pour professeur de dessin Israël Silvestre, et c'est la raison pour laquelle il s'exerça un jour à reproduire une eau-forte de son maître, représentant le château où était né le roi, son père.

DREVET (PIERRE), 1663-1738.

C'est le graveur de Rigaud et cela suffit pour caractériser sa manière, fidèle reflet de l'art fastueux et solennel du célèbre artiste.

1208. **Portrait de François-Louis de Bourbon**, prince de Conti (1664-1709). Gravure au burin d'après Rigaud. H. 0,634 × L. 0,495. Firmin-Didot, 66. — Est. Ed. 99 d. Réserve.

La pose théâtrale du personnage et le luxe des vêtements et des accessoires font de ce portrait du prince de Conti, exécuté en 1697, avant le départ de celui-ci pour la Pologne, un des tableaux les plus représentatifs de l'art pompeux de Rigaud. Tout le faste et tout l'éclat de l'original ont été rendus à la perfection par la belle et brillante estampe de Drevet, dont on présente ici un état exceptionnel, avant toute lettre, non décrit par Firmin-Didot.

1209. **Portrait de Philippe V, roi d'Espagne.** Gravure au burin d'après Rigaud. H. 0,528 × L. 0,368. F.-D. 41, 1er état. — Est. Ed. 99 a. Réserve.

Pierre Drevet n'a représenté que le buste du grand portrait en pied de Philippe V, que Louis XIV commanda à Rigaud en 1700, quelques jours avant le départ du jeune monarque pour l'Espagne. Ce tableau est aujourd'hui au Louvre. Le premier état, exposé ici, de l'estampe gravée en 1703 par Pierre Drevet, est de toute rareté.

1210. **Portrait de Louis XIV.** Gravure au burin d'après Rigaud. H. 0.685 × L. 0.513. F.-D. 55, 2e état. — Est. Ed. 99 d. Réserve.

Louis XIV avait désiré avoir, de la main de Rigaud, un portrait de son petit-fils, Philippe V, avant le départ de celui-ci pour l'Espagne (Cf. notice précédente). A son tour, le jeune souverain, avant de quitter la France, avait souhaité de posséder un portrait de son grand-père par le même peintre. Telle est l'origine du plus célèbre des portraits de Lous XIV aujourd'hui conservé. L'estampe de Drevet, l'une de ses planches les plus considérables, écrivait Mariette, aurait été gravée en 1712, si nous nous en fions au répertoire de Hulst. Le deuxième état, exposé ici, avec le mollet rélargi, la boucle de cheveux supprimée et avant la contre-taille sur la colonne, est des plus rares. Le cadre, en bois sculpté et doré, du XVIIe siècle, appartient à M. Larcade.

POILLY (JEAN-BAPTISTE DE), 1669-1728.

1211. **La Sainte Famille.** Gravure au burin d'après N. Poussin. H. 0,500 × L. 0,691. Andresen, 136. — Est. Da 18 b.

Dans cette estampe, on retrouve le solide métier de buriniste, qui se transmettait héréditairement dans la famille des graveurs abbevillois, les Poilly. (Voir aux Dessins, nº 1217.)

WATTEAU (ANTOINE), 1684-1721.

1212. **Femme assise, le bras gauche accoudé au socle d'un vase.** Eau-forte originale. H. 0.110 × L. 0.071, R.-D.; D.-V. 50, 1er état. — Est. Db. 15 c.

Les plus récents historiens de Watteau sont arrivés à établir que les planches des *Figures de modes* ont été terminées au plus tard en 1710. Cette date et l'extrême rareté de l'œuvre de Watteau graveur — au total, quatorze épreuves pour dix planches — suffisent à expliquer pourquoi l'on a fait figurer les eaux-fortes du futur peintre des *Fêtes Galantes* dans une exposition consacrée au siècle de Louis XIV. *La Femme assise* fait partie d'une suite de huit pièces, y compris le frontispice, les *Figures de modes*, légers traits d'eau-forte pure, qui devaient être plus tard terminés au burin par Thomassin le fils. Le grand intérêt de cette pièce et de la suivante est qu'elles sont entièrement vierges de toutes retouches.

1213. **Officier debout, le corps de profil à gauche.** Eau-forte originale. H. 0.115 × L. 0.068 (dimensions prises du témoin). D.-V. 52, 1er état. — Est. Db. 15 c.

Pièce faisant partie de la même suite que la pièce précédente, à l'eau-forte pure, sans aucune lettre et avant le trait carré. On ne connaît que cette épreuve dans cet état rarissime.

DREVET (PIERRE-IMBERT), 1697-1739.

1214. **Portrait de Bossuet.** Gravure au burin d'après Rigaud. H. 0,475 × L. 0,330. F.-D. 12, 5e état. — Est. Ed. 99 c. Réserve.

Chef-d'œuvre de Pierre-Imbert Drevet et l'un des chefs-d'œuvre, peut-on ajouter, de la gravure de portraits. Sans doute, la grande figure de Bossuet peinte par Rigaud avec la collaboration de Charles Sevin de la Pennaye était un magnifique modèle (Louvre).

1215. **La manière de montrer les jardins de Versailles.** Projet de guide de la main de Louis XIV. Est. Va 365.

«On a souvent parlé de la promenade officielle dans les jardins de Versailles, telle qu'elle se faisait au temps de Louis XIV. Le Roi avait pris soin de la régler lui-même. Louis XIV avait dû modifier plusieurs fois ce programme, à mesure que les bosquets et les fontaines se transformaient, et il y a trace de plusieurs autres rédactions. Le fragment [exposé], qui s'arrête au théâtre d'eau, n'est pas daté. On voit seulement, par la présence indiquée du du groupe de Girardon au milieu de la Colonnade, qu'il n'est pas antérieur à 1699 ». Cf. J. Guibert. *La manière de montrer les jardins de Versailles. Réglement de Louis XIV publié d'après l'autographe de la Bibliothèque Nationale,* dans la *Revue de l'histoire de Versailles et de Seine-et-Oise* (1899).

II

DESSINS

POUSSIN (Nicolas).

Peintre, né aux Andelys en 1594, mort à Rome 1665.

1216. Moïse défendant les filles de Jethro contre l'insolence des bergers. Sur la droite, Moïse lutte contre trois bergers, dont l'un est tombé à terre. A gauche, des jeunes filles; l'une d'elles se penche sur un puits.

Dessin au crayon, lavé de bistre. H. 0,173 × L. 0,434.

Musée du Louvre[1]. Inventaire 32432. Cf. Reiset. Notice des dessins, t. II, p. 175.

1217. La Sainte Famille. Au bas d'un perron, la Sainte Vierge est assise tenant debout sur ses genoux l'enfant Jésus qui reçoit un fruit des mains de saint Jean. Sainte Élisabeth est assise à gauche

1. Nous tenons à exprimer tous nos remerciements à M. Jean Guiffrey et à M. Pierre Lavallée qui nous ont si aimablement facilité l'exposition de ces dessins.

Le classement adopté est l'ordre chronologique des dessinateurs.

et regarde la Vierge. Saint Joseph couché sur une des marches écrit sur des tablettes.

Dessin à la plume et au lavis. H. 0,184 × 0,247.
Musée du Louvre. Inventaire 32439.

C'est la première idée du tableau que Poussin peignit en 1648 pour M. du Fresne Annequin. Ce tableau, intitulé au XVIIe siècle « Vierge assise sur des degrés », était entré dans la collection Ashburton. Il appartient aujourd'hui à M. Lerolle. M. Louis Rouart en a donné une reproduction dans le bulletin de l'Histoire de l'Art français de 1909, p. 92. (Voir aux Estampes, n° 1211.)

1218. Vénus entourée d'amours. Elle est debout, appuyée sur le rebord d'une vasque de fontaine. En bas, des amours.

Dessin à la plume et au lavis. H. 0,255 × L. 0,230.

Musée du Louvre. Inventaire 762. Provient de la coll. His de la Salle, n° 345, a été lithographié par Piloty.

1219. Mars et Vénus. Dessin à la plume et au lavis. H. 0,195 × L. 0,260.

Musée du Louvre. Inventaire 0,5893. Provient de la collection du marquis de Chennevières.

1220. Bacchus et Ariane. A la vue d'Ariane effrayée et étendue à terre, Bacchus descendu de son char s'avance vers elle en lui disant de bannir toute crainte. Des faunes, des satyres et des bacchantes entourent le jeune dieu. Poussin s'est inspiré fidèlement du passage d'Ovide.

Dessin au crayon et à la plume lavé de bistre. H. 0,160 × L. 0,213.
Bibliothèque de l'Ecole des Beaux-Arts, anciennes collections Galichon et A. Valton. Reproduit dans la *Gazette des Beaux-Arts*, I. t. XXIV, p. 278.

1221. Bacchanale. Dessin à la plume et au lavis. H. 0,210 × L. 0,390.
Musée du Louvre. Inv. 760. Provient de la collection His de la Salle n° 343.

1222. Le fleuve Benacus recevant des fruits présentés par les Hespérides. Dessin à la plume lavé de bistre. H. 0,305 × L. 0,210.

Musée du Louvre. Inventaire 32458.

1223. Villa Madama, près de Rome. Dessin à la plume, lavé. H. 0,185 × L. 0,255.

Musée du Louvre. Inventaire 32449.

GELLÉE (CLAUDE), dit Claude Lorrain.
Peintre et graveur, né en 1600 à Chamagne, mort en 1682 à Rome.

1224. La fuite en Égypte. A droite la Vierge assise soutient l'enfant Jésus auquel un ange offre des fruits; plus à droite saint Joseph est couché près d'eux. Au fond un fleuve, à gauche un pont et deux cyprès.

Dessin à la plume lavé de bistre et d'encre de Chine avec rehauts de rouge. H. 0,188 × L. 0,250.

Musée du Louvre : Inventaire R. F. 4597. Reproduit par P. de Nolhac et L. Demonts nº 36, et par Louis Demonts : Les dessins de Claude Gellée au Musée du Louvre, nº 46.

D'après M. Demonts ce dessin pourrait être daté de 1665-1670 environ.

Claude Lorrain a souvent traité le sujet de la fuite en Égypte : tableau du Musée de Dulwich nº 92; tableau de la galerie Doria à Rome nº 92; tableau du Musée de l'Ermitage nº 1429 et tableau de la coll. T. Coke à Hollkham.

1225. Le château de Bracciano au soleil couchant. Tous les terrains du premier plan sont illuminés par les feux du soleil couchant. On remarque sur la droite la silhouette d'un berger Dans le fond les tours et les murailles du château de Bracciano.

Dessin à la plume lavé de bistre. H. 0,183 × L. 0,263. Vers 1639.

Musée du Louvre. Reproduit par Jean Guiffrey et Pierre Marcel : Inventaire des dessins, nº 4109 et par Louis Demonts : Les dessins de Claude Gellée, nº 15.

1226. Les bords de l'Anio. A gauche une ferme fortifiée ombragée par de grands arbres. Au premier plan un berger jouant de la flûte et une femme conduisant des vaches à l'abreuvoir. A droite l'Anio avec au fond le Ponte Nomentano.

Dessin à la plume lavé de bistre. H. 0,220 × L. 0,300.

Musée du Louvre. Reproduit par Jean Guiffrey et Pierre Marcel : Inventaire général des dessins, n° 4119 et par Louis Demonts : Les dessins de Claude Gellée, n° 25.

Ce dessin a servi pour le tableau du Musée de Turin.

1227. **La farandole**. Près du mur ensoleillé d'un vieux parc, des danseurs font la chaîne.

Dessin au lavis d'encre de Chine et de bistre. H. 0,126 × L. 0,092.

Musée du Louvre. Inventaire R. F. 4583. Reproduit par Pierre de Nolhac et Louis Demonts, n° 22 et par Louis Demonts : Les dessins de Claude Gellée, n° 22.

1228. **Port de mer au coucher du soleil**. Sur la gauche deux voiliers, à droite sur un rocher ombragé le péristyle d'un temple antique. Au milieu quatre personnages sont descendus d'une barque où restent deux rameurs. La mer très calme brille sous les feux éclatants du soleil couchant.

Dessin à la pierre noire lavé d'encre de Chine et rehaussé de blanc. H. 178 × L. 0,275.

Musée du Louvre. Inventaire R. F. 4587. Reproduit par Pierre de Nolhac et Louis Demonts, n° 25 et par Louis Demonts : Les dessins de Claude Gellée, n° 30.

Ce dessin a servi au peintre pour le tableau qui figure au Musée de Dulwich sous le n° 215.

1229. **Mercure et Argus**. A gauche un temple. Dans la vallée encore endormie, à peine éclairée par les premières lueurs du jour, Io et ses compagnes en train de paître. Au fond un lac et des ruines à l'aube. A droite sous un feuillage épais, Mercure et Argus.

Dessin au crayon noir lavé d'encre de Chine et de bistre, rehaussé de blanc. H. 0,245 × L. 0,365. Signé en bas : ***Claudio Roma, 1662.***

Musée du Louvre. Inventaire R. F. 4590. Repr. par P. de Nolhac et L. Demonts n° 28 et par L. Demonts : Les dessins Cl. Gellée n° 34.

C'est une étude pour la gravure représentant Mercure endormant Argus.

1230. La terrasse d'une villa. M. Louis Demonts pense qu'il s'agit de la villa des Crescenzi.

Dessin au crayon et à la plume lavé de bistre. H. 0,195 × L. 0,270.

Musée du Louvre. V. Jean Guiffrey et Pierre Marcel : Inventaire général des dessins n° 4125 et L. Demonts n° 38.

LE SUEUR (Eustache)

peintre, né à Paris en 1617, mort à Paris en avril 1655.

1231. Offrande à Diane. Des jeunes filles debout ou agenouillées apportant des corbeilles de fleurs à Diane. A droite la déesse debout, un grand levrier auprès d'elle.

Dessin à la pierre noire lavé de bistre. H. 0,291 × L. 0,364. En bas à la plume : *Le Sueur.*

Musée du Louvre. Inventaire 30661. Reproduit par Jean Guiffrey et Pierre Marcel : Inventaire des dessins n° 9155.

1232. Etude. Femme debout, voilée et drapée, de profil à gauche. Elle porte sur ses épaules, les bâtons d'un brancard qu'elle tient de ses deux mains.

Dessin au crayon noir rehaussé de blanc. H. 0,430 × L. 0,234. Ancienne collection Mariette.

Musée du Louvre. Inventaire 30672. Reproduit par Jean Guiffrey et P. Marcel : Inventaire des dessins, n° 9193.

1233. Etude pour « Moïse sauvé des eaux ». Dessin au crayon noir rehaussé de blanc. H. 0,383 × L. 0,280.

Cette étude fut faite pour le Moïse sauve des eaux de M. de Nouveau. Ce tableau avait été peint par Le Sueur dans la maison que possédait M. de Nouveau place Royale. Il passa ensuite en Angleterre et fut gravé par Baron dans la coll. de Boydell. Il fut plus tard transporté en Russie avec la coll. Hougthon.

Musée du Louvre. Inv. 30644. Reproduit par Jean Guiffrey et Pierre Marcel : Inventaire des dessins n° 9173.

LE BRUN (CHARLES)
peintre et graveur né à Paris en 1619, mort à Paris en 1690.

1234. Projet de plafond. Ce plafond n'a pas été exécuté. Au milieu de figures allégoriques nous remarquons trois grandes compositions : « Le roi gouverne par lui-même, le passage du Rhin et la prise de Maestrich ». Des compositions plus petites représentent des sièges et des batailles.

Dessin au crayon noir et à la plume rehaussé d'aquarelle. H. 0.348 × L. 0.748.

Musée du Louvre. V. Jean Guiffrey et Pierre Marcel : Inventaire général des dessins n° 5801.

LE BRUN (CHARLES), 1619-1690, et VAN DER MEULEN (Franz), 1634-1690.

1235. Entrée de Louis XIV et de Marie-Thérèse à Douai, Juillet 1667. La Reine dans son carrosse qui s'avance vers la gauche reçoit les hommages des magistrats de la ville, agenouillés devant elle et lui offrant les clefs de la ville. Sur la gauche à cheval près du carrosse, le roi entouré de ses officiers. Dans le fond les remparts de la ville.

Dessin au crayon noir et à la mine de plomb, lavé d'encre de Chine. H. 0.482 × L. 0.761.

Musée du Louvre V. Jean Guiffrey et Pierre Marcel. Inventaire général des dessins, n° 6336.

Dessin fait en collaboration avec Van der Meulen. Le Brun a retouché les figures du premier plan. Ce dessin a servi pour la peinture de Van der Meulen du Musée du Louvre. Voir Cat. Villot 2e partie, école flamande, n° 301.

1236. Prise de Dœsbourg, 1672.

Dessin à la plume lavé d'encre de Chine. H. 0.395 × L. 0.610.

Musée du Louvre. V. Jean Guiffrey et Pierre Marcel : Inventaire général des dessins, n° 5944.

Ce dessin est une des études faites par Van der Meulen pour les tapisseries de l'Histoire du Roi. Van der Meulen et Le Brun y ont collaboré. Le Brun a repris certains des personnages et a dessiné les figures allégoriques.

VAN DER MEULEN (Franz), peintre, 1634-1690.

Van der Meulen avait été attaché à la manufacture des Gobelins par Le Brun. Il accompagnait le Roi dans toutes ses campagnes et dessinait sur place les événements militaires. Beaucoup de ses peintures servirent pour les tapisseries qui furent commandées par Louis XIV, entre autres pour les tentures de l'Histoire du Roi.

1237. Combat près du canal de Bruges (août 1667). Louis XIV escorté par ses officiers donne ses ordres à un général qui galope à ses côtés le chapeau à la main. Des troupes traversent le canal. Dans le lointain des cavaliers chargent et l'on aperçoit une ville en train de brûler.

Dessin à la pierre noire lavé. H. 0,045 × L. 0,078. Musée du Louvre.

Ce dessin est une esquisse pour la peinture du Musée du Louvre, nº 306 du catalogue de Villot (école flamande). Le tableau a été gravé par Sébastien Le Clerc (voir la tapisserie, nº 1274).

NANTEUIL (Robert)
peintre-graveur né à Reims en 1630, mort à Paris en 1678.

1238. Portrait de Jean Dorieu, président de la Cour des Aides.

Dessin au pastel. H. 0,330 × L. 0,355. Signé à droite sur le milieu : *Nanteuil faciebat* 1660.

Musée du Louvre. Ancienne collection Henriquel-Dupont, don de M. Thureau-Dangin.

Ce pastel a été gravé en contre-partie par Nanteuil. V. Robert-Dumesnil, nº 84.

LE CLERC (Sébastien), 1637-1711.

1239. L'Académie des Sciences et des Beaux-Arts. Dessin à la plume lavé d'encre de Chine. H. 0,203 × L. 0,352.

Bibliothèque de l'École des Beaux-Arts, collection Le Soufaché.

C'est la première idée de l'artiste en vue de la célèbre gravure qu'il exécuta en 1698 sur le même sujet (Jombert, 263).

ANONYME

1240. Fête sur le grand canal à Versailles. A gauche dans une barque richement décorée, le Roi et trois dames de sa cour. D'autres embarcations sont remplies de passagers; dans l'une on remarque des musiciens, sur une autre une collation est servie. Dans le fond, des bateaux aux proues richement décorées et aux mats ornés d'oriflammes.

Eventail peint à la gouache, XVIIe siècle. Dimensions extrêmes : H. 0.145 × L. 0.440.

Coll. de Mme Pol Neveux.

WATTEAU (ANTOINE), peintre et graveur, 1684-1721.

1241. Étude de soldats. Croquis à la sanguine. H. 0,174 × L. 0,218. Bibliothèque de l'Ecole des Beaux-Arts, ancienne collection Armand-Valton.

C'est une des études que Watteau avait faites pour son tableau de la « Alte » *(sic)*, tableau qui fut gravé par J. Moyreau.

1242. Feuille de croquis. Sanguine. H. 0,160 × L. 0,204. Bibliothèque de l'Ecole des Beaux-Arts, ancienne collection Armand-Valton.

BOURGOGNE (LOUIS, DUC DE), dauphin de France (1682-1712).

1243. Les joueurs de tric-trac. Dessin à la plume et à la pierre rouge dans un encadrement rectangulaire à double filet. H. 0,136 × L. 0,195. — Est. Ad 2. Réserve.

Le Mercure Galant (Avril 1702) a conservé le souvenir de la visite que le duc de Bourgogne rendit à son ancien maître Gaignières, dans son logement de la rue de Sèvres, en face des Incurables. « Ce prince, dit le chroniqueur, trouva dans le même cabinet plusieurs dessins à la plume faits de sa main, dont il a honoré M. de Gaignières en divers temps, et qui marquent son adresse, son goust et l'étendue de son génie. » Ces dessins entrèrent au Cabinet des Estampes avec la collection Gaignières.

VI

PEINTURES, SCULPTURES, MEUBLES, TAPISSERIES ET OBJETS DIVERS

1244. Louis XIV jeune, peinture d'Henri Testelin. — Musée de Versailles.

1245. Médaillon de Louis XIV, entouré des attributs des arts, peinture de Jean Garnier (morceau de réception, 1672). — Musée de Versailles.

1246. Henriette d'Angleterre, duchesse d'Orléans, sous la figure de Minerve, tenant le portrait de son mari, Philippe de France, duc d'Orléans, frère du Roi, peinture de A. Mathieu (morceau de réception, 1663). — Musée de Versailles.

1247. Mlle de Montpensier (la Grande Mademoiselle), sous la figure de Minerve, tenant le portrait de son père, Gaston de France, duc d'Orléans, peinture de P. Bourguignon (morceau de réception, 1672). — Musée de Versailles.

1248. Le Président Jacques Tubeuf, peinture de Philippe de Champagne. — Musée de Versailles.

1249. Saint Bruno reçoit un messager du pape; — Arrivée de saint Bruno à Rome; — Saint Bruno donne l'habit de chartreux à diverses personnes; — Apparition de saint Bruno au comte Roger, quatre scènes de la « Vie de saint Bruno », peintures de Eustache Le Sueur. — Musée du Louvre.

1250. Mme de Maintenon, de P. Mignard (vers 1694). — Musée du Louvre.

1251. Mme de Maintenon, attr. à Ch. Le Brun (1675). — Coll. Francis Merlant.

1252. Jean Foy-Vaillant, numismate, antiquaire du Roi, attr. à Rigaud. — Coll. Gustave Téry.

1253. Le Maréchal de Villars, peinture de Hyacinthe Rigaud. — Appartient à M. G. Wildenstein.

1254. Le Président Hébert, peinture de Hyacinthe Rigaud. — Appartient à M. G. Wildenstein.

1255. Louis XIV, par Girardon. — Réduction ancienne de la statue équestre du Roi, fondue par M. Keller d'après Girardon, et érigée en 1699, sur la place Louis-le-Grand, aujourd'hui place Vendôme. Bronze. — Coll. Edme Sommier.

1256. Michel Le Tellier, chancelier de France, buste de marbre, par Antoine Coysevox (vers 1676). — Bibl. Sainte-Geneviève.

1257. Jules Hardouin-Mansart, premier architecte du Roi, buste de marbre, par Antoine Coysevox, signé et daté : *1698*. — Bibl. Sainte-Geneviève.

1258. Robert de Cotte, architecte du Roi, buste de marbre, par Antoine Coysevox, signé et daté : *1707*. — Bibl. Sainte-Geneviève.

1259. Antoine Arnauld, dit le Grand Arnauld, théologien et philosophe, buste marbre, attribué à Antoine Coysevox. — Bibl. Sainte-Geneviève.

1260. Charles Le Brun, peintre, buste de plâtre, par Antoine

Coysevox, signé et daté : *1679*, exemplaire ancien du buste de marbre conservé au Musée du Louvre. — Bibl. Sainte-Geneviève.

1261. Jean-Baptiste Colbert, buste de plâtre, attribué à Antoine Coysevox (vers 1685-1687), exemplaire ancien du buste de marbre conservé au Musée du Louvre. — Bibl. Sainte-Geneviève.

1262. Le Grand Condé (Louis II de Bourbon, prince de Condé, dit) buste de plâtre, par J. Derbais, exemplaire ancien du marbre conservé au Musée Condé à Chantilly. — Bibl. Sainte-Geneviève.

1263. Louis XIV, buste de plâtre, par Antoine Coysevox, exemplaire moderne du buste conservé au château de Versailles. — Bibl. nationale.

1264. Six Torchères, bois sculpté et doré, époque Louis XIV, ayant décoré la salle de l'Académie royale de peinture et de sculpture au Louvre. — Bibl. de l'Ecole nationale des Beaux-Arts.

1265. Deux commodes, marqueterie d'écaille et de cuivre, par André-Charles Boulle, ayant fait partie de l'ameublement de la chambre à coucher de Louis XIV à Versailles. — Bibl. Mazarine.

1266. Deux commodes, marqueterie d'écaille et de cuivre, par André-Charles Boulle. — Appartiennent à M. Arnold Seligmann.

1267. Glace, avec encadrement de bronze doré, époque Louis XIV. — Appartient à M. Germain Seligmann.

1268. Paravent, tapisserie de la Savonnerie, époque Louis XIV. — Appartient à M. Germain Seligmann.

1269. Armure de Louis XIV, offerte au roi en 1668 par la République de Venise en souvenir de la campagne des Flandres de 1667. Elle est signée : *Francesco Garbagnano de Brescia*. Sur le fer poli, sont gravés des médaillons représentant des scènes guerrières ou des vues de villes conquises : Lille, Douai, Alost, Oudenarde, etc. — Musée de l'Armée.

1270. Épée de Louis XIV, faite en commémoration de la campagne des Flandres. — Musée de l'Armée.

1271. Cérès, Jupiter, Bacchus, Neptune, quatre tapisseries des Gobelins de la tenture des « **Portières des dieux** », **d'après** les cartons de Claude Audran. — **Garde-meuble national.**

1272. Tapisserie genre Chancellerie, fin époque Louis XIV. — Appartient à MM. Bacri.

Escalier :

1273. Audience donnée au Cardinal-légat, tapisserie des Gobelins de la tenture de « l'Histoire du Roi », d'après le carton de Ch. Le Brun. — Garde-meuble national.

1274. Défaite du comte de Marsin près du canal de Bruges, tapisserie des Gobelins de la tenture de « l'Histoire du Roi », d'après le carton de Ch. Le Brun. — Garde-meuble national.

Vestibule du 1er étage :

1275. Audience donnée par Louis XIV à l'ambassadeur d'Espagne, tapisserie des Gobelins de la tenture de « l'Histoire du Roi », d'après le carton de Ch. Le Brun. — Garde-meuble national.

Passage conduisant à la Salle de conférences :

1276. Le Château de Madrid, tapisserie des Gobelins de la tenture des « Maisons royales », d'après le carton de Ch. Le Brun. — Garde-meuble national.

Salle de conférences :

1277. L'Hiver ou le Louvre, tapisserie des Gobelins de la tenture des « Saisons », d'après le carton de Ch. Le Brun. — Garde-meuble national.

1278-1880. Le Triomphe d'Alexandre (Entrée d'Alexandre à Babylone) ; — la Bataille d'Arbèles (aile droite) ; — **Porus blessé** (aile droite), trois tapisseries des Gobelins de la tenture de « l'Histoire d'Alexandre », d'après les cartons de Ch. Le Brun. — Garde-meuble national.

1281. Bataille de cavalerie, tapisserie des Gobelins. — Garde-meuble national.

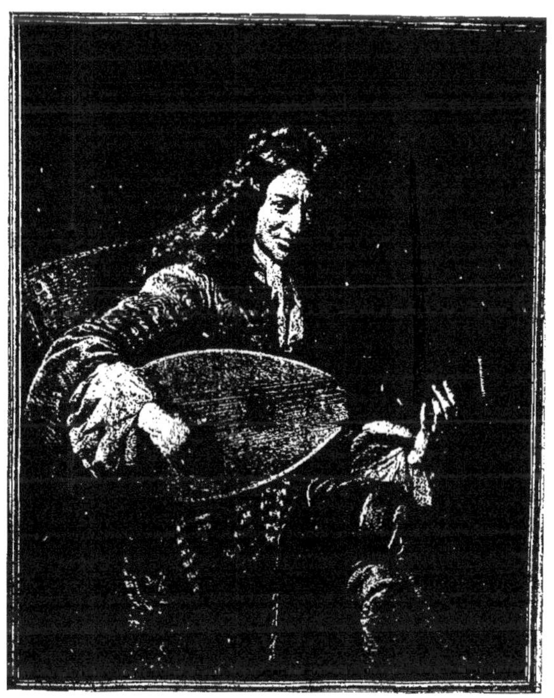

N° 1196 *bis*.

PORTRAIT DU LUTHISTE CHARLES MOUTON
Gravure de G. Edelinck, d'après François de Troy.

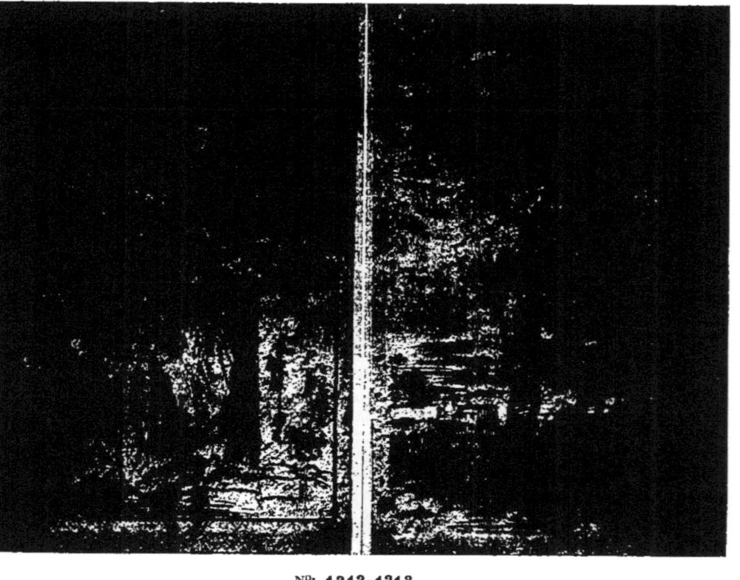

Nos 1212-1213

Figures de Modes.
Eaux-fortes originales d'Antoine Watteau.

TABLE DES PLANCHES

MAGGS Bros.

PARIS

130 Boulevard Haussmann (VIIIe)

Telephone : Laborde 01-17.

RARE BOOKS

ILLUMINATED
MANUSCRIPTS
BINDINGS
AUTOGRAPHS
MINIATURES
ENGRAVINGS

34-35 CONDUIT STREET, NEW BOND STREET
LONDON, W.1.

CONFÉRENCES
SUR
le Siècle de Louis XIV
A LA
BIBLIOTHÈQUE NATIONALE

sous la direction de M. G. LACOUR-GAYET
Membre de l'Académie des Sciences Morales et Politiques
Professeur à l'École Polytechnique

I. Samedi 26 Février (16 h. 30) :
L'AURORE D'UN GRAND RÈGNE
par M. G. LACOUR-GAYET

II. Jeudi 3 Mars (16 h. 30) :
COLBERT
par M. G. DUPONT-FERRIER
Professeur à l'École des Chartes

III. Mercredi 9 Mars (16 h. 30) :
LE SALON DE CÉLIMÈNE
par M. Henry BIDOU
Critique dramatique au Journal des Débats

IV. Samedi 12 Mars (16 h. 30) :
LE MASQUE DE FER
par M. Fr. FUNCK-BRENTANO
Conservateur à la Bibliothèque de l'Arsenal

V. Mercredi 16 Mars (16 h. 30) :
POUSSIN ET LES ORIGINES DU STYLE LOUIS XIV
par M. Louis HOURTICQ
Professeur à l'École des Beaux-Arts

VI. Samedi 19 Mars (16 h. 30) :
LA SOCIÉTÉ ET L'ÉTAT ECONOMIQUE
par M. G. LACOUR-GAYET

VII. Mercredi 23 Mars (16 h. 30) :
VERSAILLES MIROIR DU GRAND SIÈCLE
par M. Pierre de NOLHAC
de l'Académie Française

VIII. Samedi 26 Mars (16 h. 30) :
LOUIS XIV ET L'ALLEMAGNE
par M. G. PAGÈS
Professeur à la Sorbonne

IX. Mercredi 30 Mars (16 h. 30) :
LES ROUTES DE FRANCE ET LES MOYENS DE TRANSPORT A L'ÉPOQUE DE LOUIS XIV
par M. Jean BRUNHES
Professeur au Collège de France

X. Samedi 2 Avril (16 h. 30) :
PARIS SOUS LOUIS XIV
par M. Marcel POETE
Directeur de l'Institut d'histoire de la Ville de Paris

XI. Mardi 5 Avril (16 h. 30) :
LOUIS XIV ET LES ÉCRIVAINS
par M. André BELLESSORT
Secrétaire général de la Revue des Deux-Mondes

XII. Samedi 9 Avril (16 h. 30) :
LA FIN D'UNE APOTHÉOSE
par M. G. LACOUR-GAYET

PRIX DES PLACES : **90 fr.** pour les 12 Conférences ; **9 fr.** par conférence.
10 0/0 de réduction pour les Membres de la Société des Amis de la Bibliothèque nationale et des Grandes Bibliothèques de France.

LE 7 MAI 1927, A 14 H. 30

DANS LA GALERIE MAZARINE

UN CONCERT CHEZ LA DUCHESSE DE BOURGOGNE

(Chants, Chœurs et Instruments)
sous la direction de M. Henry EXPERT, avec une causerie de M. Adolphe BOSCHOT de l'Académie des Beaux-Arts.

Prix des Places : 15 Francs.
10 0/0 de réduction pour les Membres de la Société des Amis de la Bibliothèque Nationales et des Grandes Bibliothèques de France.

BUREAUX DE LOCATION : au Secrétariat et au Magasin de Vente (Bibliothèque Nationale).

Inscrivez-vous à la

Société des Amis de la Bibliothèque Nationale et des grandes bibliothèques de France

Vous récupérerez votre cotisation par les avantages qui vous sont consentis sur les entrées aux Expositions, aux Conférences, aux Concerts, sur la vente des fac-simile, etc.

Cotisation : 20 francs par an avec rachat possible par un versement définitif de 500 francs.

SIÈGE SOCIAL :
58, Rue Richelieu -:- PARIS

LIBRAIRIE NATIONALE D'ART ET D'HISTOIRE
G. VANOEST, Éditeur
3 et 5, Rue du Petit-Pont -:- PARIS-Ve
R. C. Seine 29.023

LES TRÉSORS DES BIBLIOTHÈQUES DE FRANCE

PUBLIÉS SOUS LA DIRECTION DE

M. R. CANTINELLI, ADMINISTRATEUR DE LA BIBLIOTHÈQUE DU PALAIS-BOURBON ET DE M. Em. DACIER, CONSERVATEUR ADJOINT A LA BIBLIOTHÈQUE NATIONALE

Cette publication, entreprise en 1925, a pour but de révéler au public, par des reproductions fidèles, les richesses cachées des Bibliothèques de France : manuscrits à peintures, éditions rares et exemplaires uniques, estampes introuvables, dessins originaux, reliures historiques, autographes, ex-libris, médailles, etc.

Il paraît deux fascicules par an, au format in-4o carré (22,5 X 29 cm.), contenant de 32 à 48 pages de texte, illustrés de reproductions au trait, outre les planches hors texte en héliotypie et en fac-similé (couleurs, sanguine, crayons, etc.), texte et planches imprimés sur papier d'Arches, spécialement cuvé à cette intention.

Le tome premier de cette publication, comprenant les fascicules I à IV, vient de paraître et forme un admirable volume in-4o carré (22,5 X 29 cm.) d'environ 180 pages de texte, illustré de 42 planches hors texte en héliotypie, 8 planches en couleurs, une eau-forte originale, 2 bois originaux, une héliogravure en taille-douce, 5 fac-similés, un dessin à la plume, plus la reproduction en fac-similés de deux impressions rarissimes.

Ce volume compte au nombre de ses collaborateurs : MM. J. Babelon, A. Blum, A. Boinet, Ch. Bouvet, R. Cantinelli, J. Cordey, C. Couderc, E. Dacier, Hirschauer, G. Lafond, G. Laran, P. Lavallée, P.-A. Lemoisne, H. Malo, J.-H. Mariéjol, H. Martin, A. Masson, Michon, C. Oursel, A. Pereire, Ph. Renouard, G. Soulié, E. Van Moë, G. Wildenstein.

Cette publication est tirée entièrement, texte et planches, sur papier d'Arches, spécialement cuvé à cette intention, tirage limité à 650 exemplaires.

Prix du tome I (4 fascicules) : 360 francs.

LIBRAIRIE NATIONALE D'ART ET D'HISTOIRE

G. VANOEST, ÉDITEUR

3 et 5, Rue du Petit-Pont -:- PARIS-Ve

R. C. Seine 20.023

VIENT DE PARAITRE :

Les Trésors du Cabinet des Antiques

Le Cabinet du Roi

OU

Le Salon Louis XV

DE LA BIBLIOTHÈQUE NATIONALE

PAR

Jean BABELON

CONSERVATEUR ADJOINT DU CABINET DES MÉDAILLES

Le Cabinet des Médailles et des Antiques de la Bibliothèque Nationale, issu des collections des rois de France, est parfois aussi appelé « le plus ancien Musée du Monde ».

Un certain nombre de belles publications ont été consacrées aux camées, à l'argenterie et à diverses séries de monnaies, mais quantité d'autres monuments attendent encore une publication digne de leur valeur. Nous avons entrepris, avec le concours de M. J. BABELON, de les tirer de leur splendide isolement.

La publication proprement dite est précédée, comme d'un portique, par la description du **Salon Louis XV.** Ce travail forme un beau volume in-4o raisin (25 X 32,5 cm.) de 40 pages de texte, illustré de 24 planches hors texte en héliotypie, représentant les peintures de **Boucher,** de **Vanloo,** de **Natoire,** les meubles, tables, médailliers, etc., du Cabinet du Roi.

Prix : 75 francs.

Nous publierons ensuite les séries suivantes dans **Les Trésors du Cabinet des Antiques :**

I. LES EVANGÉLIAIRES. — II. LES BUSTES. — LES BRONZES.
IV. LES TERRES CUITES. — V. LES PIÈCES GRAVÉES.

Chacune de ces séries comprendra un ou plusieurs fascicules au format in-4o raisin (25 X 32,5 cm.) illustrés de 24 planches hors texte en héliotypie, accompagnées d'un texte historique et descriptif de J. Babelon.

Prix de chaque fascicule, en souscription : 75 francs.

ÉDITIONS DE LA *GAZETTE DES BEAUX-ARTS*
106, Boulevard Saint-Germain, PARIS (6e)

EN PRÉPARATION

LE
SIÈCLE DE LOUIS XIV

PAR

L'ESTAMPE - LA MÉDAILLE
LE MANUSCRIT & LE LIVRE

à l'Exposition de la Bibliothèque Nationale
(FÉVRIER-AVRIL 1927)

PAR

JEAN VALLERY-RADOT
Archiviste-Paléographe

Un volume in-4° carré d'environ 120 pages de texte et 60 planches hors texte en phototypie.

ÉDITIONS DE LA *GAZETTE DES BEAUX-ARTS*

106, Boulevard Saint-Germain, PARIS (6e)

ÉPUISÉ

LES ENLUMINURES DES MANUSCRITS ORIENTAUX

de la Bibliothèque nationale

Par EDGARD BLOCHET

Un volume in-4 de 160 pages de texte et 124 planches hors texte dont 4 en couleurs.

LES ENLUMINURES DES MANUSCRITS DU MOYEN AGE

de la Bibliothèque nationale

Par CAMILLE COUDERC

Un volume in-4 de 120 pages de texte et 84 planches hors texte dont 4 en couleurs.

La souscription est entièrement couverte.

POUR PARAITRE FIN FÉVRIER 1927

LA MINIATURE ROMANE

d'après les Manuscrits de la Bibliothèque nationale

Par PHILIPPE LAUER

Un volume in-4 d'environ 120 pages de texte et 84 planches hors texte dont 4 en couleurs.

PRIX DE SOUSCRIPTION .. .. 400 fr.

EN PRÉPARATION DU MÊME AUTEUR

LA MINIATURE GOTHIQUE

d'après les Manuscrits de la Bibliothèque nationale

Grosjean-Maupin

7 - Rue Bonaparte - 7

-: PARIS (6e) :-

ESTAMPES DES XVIe & XVIIe SIÈCLES

Œuvres des Graveurs Français :

JACQUES CALLOT

ABRAHAM BOSSE

CLAUDE LORRAIN

ROBERT NANTEUIL, ETC.

Paul PROUTÉ

74, *Rue de Seine*, 74 (*VI*^e^)

(Entre le Boulevard Saint-Germain et le Sénat)

GRAVURES ANCIENNES ET MODERNES

DOCUMENTS - VUES - PORTRAITS, etc...

DESSINS ANCIENS

PUBLICATION DE CATALOGUES

à Prix Marqués

Registre du Commerce Paris 63-168.

LIBRAIRIE DORBON-AINÉ

19, Boulevard Haussman, 19 -:- PARIS-9e

Téléph. : **Central 96-09** — R.C. : **Seine 159.603** — Chèques postaux : **Paris 1803**

VIENNENT DE PARAITRE :

LOŸS DELTEIL

MANUEL DE L'AMATEUR D'ESTAMPES

des XIXe et XXe Siècles

ÉCOLES FRANÇAISE ET ÉTRANGÈRE (1801-1924)

2 volumes in-8o raisin, d'ensemble 638 pages, sur papier vergé teinté ; illustré de 158 reproductions hors texte. (Contient la désignation de 1.211 noms d'artistes, de 4.099 estampes et de 6.327 prix d'adjudication).

LES 2 VOLUMES. . . . . Brochés : **120** fr. — Cartonnés : **156** fr.

700 REPRODUCTIONS D'ESTAMPES

des XIXe et XXe Siècles (1801-1924)

POUR SERVIR DE

Complément au Manuel de Loys Delteil

2 forts volumes in-8o raisin. . . . Brochés : **120** fr. — Cartonnés : **156** fr.

CH. DAMIRON

La Faïence de Lyon

aux XVIe, XVIIe et XVIIIe Siècles

2 volumes in-4o, tirés à 500 ex. numérotés sur papier vergé d'Arches, sous couvertures illustrées en couleurs, accompagnés de 26 figures dans le texte et de 30 grandes planches tirées à part, reproduisant 224 spécimens de faïences lyonnaises, dont 38 en couleurs . . . . **500** fr.

EDMOND GUÉRARD

DICTIONNAIRE ENCYCLOPÉDIQUE D'ANECDOTES

anciennes et modernes, françaises et étrangères

2 forts volumes in-8o, d'ensemble 1.130. . . . . **48** fr.

LES TOMES I ET II DU

CATALOGUE GÉNÉRAL DES INCUNABLES

(Gesamtkatalog der Wiegendrucke)

Cette Bibliographie comprendra environ 12 volumes in-4o, cartonnés percaline. Chaque volume : 80 fr. suisses.

Les tomes I et II seront facturés, jusqu'à nouvel ordre, en francs français, **392** fr. chacun.

N. B. — Les souscripteurs s'engagent pour l'édition complète. — Aucun volume ne sera vendu séparément.

-:- LIBRAIRIE ÉMILE JEAN-FONTAINE -:-

Maison fondée depuis 93 ans

Jules Meynial

LIBRAIRE

30, Boulevard Haussmann, 30

PARIS (IXe)

Téléphone : Central 85-77

I. R. C. Seine 239

GRAND CHOIX DE BEAUX LIVRES

ANCIENS ET MODERNES

LIVRES NEUFS ET DE SECONDE MAIN

-: RECHERCHES D'ÉDITIONS RARES :-

65e *Année du CATALOGUE PÉRIODIQUE*

franco sur demande

ACHAT DE LIVRES RARES ET PRÉCIEUX DES XVe ET XVIe SIÈCLES

ÉDITIONS ORIGINALES DU XVIIe SIÈCLE

LIVRES ILLUSTRÉS DES XVIIIe ET XIXe SIÈCLES

BEAUX-ARTS — COSTUMES — ORNEMENTS — SPORTS

RELIURES ANCIENNES — DESSINS — ESTAMPES

EXPERTISES DE LIVRES & DE BIBLIOTHÈQUES

VENTES PUBLIQUES

L'IMPRIMERIE DES LETTRES ET DES ARTS

129, Rue des Aubépines - BOIS-COLOMBES

Se charge, aux meilleures conditions, de l'impression des Catalogues et Ouvrages d'Art.

Son matériel entièrement neuf et ses presses perfectionnées permettent d'effectuer rapidement tout travail demandant des soins particuliers.

DEMANDER DEVIS & RENSEIGNEMENTS

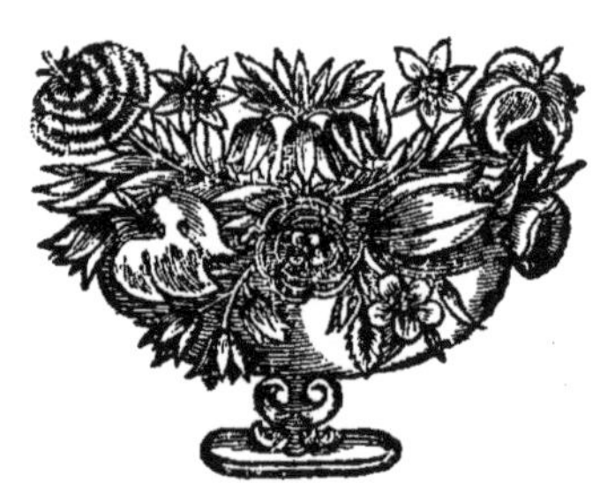

www.ingramcontent.com/pod-product-compliance
Ingram Content Group UK Ltd.
Pitfield, Milton Keynes, MK11 3LW, UK
UKHW022057260726
13993UKWH00001B/177

9 782329 210650